Anonymus

Geschichte der K. K. - Hof- und Staatsdruckerei in Wien

Anonymus

Geschichte der K. K. - Hof- und Staatsdruckerei in Wien

ISBN/EAN: 9783955640200

Auflage: 1

Erscheinungsjahr: 2013

Erscheinungsort: Bremen, Deutschland

@ EHV-History in Access Verlag GmbH, Fahrenheitstr. 1, 28359 Bremen. Alle Rechte beim Verlag und bei den jeweiligen Lizenzgebern.

GESCHICHTE

DER

K. K. HOF- UND STAATS-DRUCKEREI

IN WIEN

VON

EINEM TYPOGRAPHEN DIESER ANSTALT.

In zwei Theilen:

I. Geschichte.
II. Beschreibung.

Mit Plänen, Abbildungen und statistischen Ausweisen.

Ende 1850.

WIEN.
AUS DER KAISERLICH-KOENIGLICHEN HOF- UND STAATS-DRUCKEREI.
1851.

GESCHICHTE

DER

K. K. HOF- UND STAATS-DRUCKEREI IN WIEN.

VON EINEM MITGLIEDE DER ANSTALT.

VORERINNERUNG.

Die vorliegenden Blätter sind bestimmt, in drei Zeitabschnitten die verschiedenen Perioden einer Anstalt vor Augen zu führen, welche diese seit der Gründung in der kurzen Frist von 40 Jahren zu bestehen hatte.

Die erste Zeit der Entwickelung zeigt eine allseitige Thätigkeit. Ueber hundert Menschenhände waren oft Tag und Nacht beschäftiget, um den Bedürfnissen zu genügen.

Das zweite Stadium weiset den allmäligen Verfall der Staatsdruckerei nach.

Das Jahr 1840 schliesst die Gränze der zweiten Periode ab. Kunst und Wissenschaft kehrten wieder ein, und fanden Unterstützung und Pflege. Die neuesten Erfindungen des In- und Auslandes vereinigten sich, und riefen wieder andere hervor. Der Ruf der Bildung brach sich die Bahn in's Innerste der Residenz und bis in's fernste Ausland drang die Verbreitung des kunstsinnigen Strebens der neu belebten Anstalt.

Alles dieses geschah theilweise mit dem durch viele Jahre in dieser Anstalt beschäftigten Personale, mit einem Theile derselben Werksvorrichtungen, an derselben Stelle, wo Degen den Grundstein eines typographischen Staats-Institutes legte.

Typen aller Völker der entferntesten Welttheile erheben ihre Zungen, und rufen nach Verwendung in Kunst und Wissenschaft, um die göttliche Erfindung des grossen Gutenberg würdig zu feiern!

Farbendrucke gleich Original-Gemälden gehen aus der Presse hervor, so dass Gallerien und alle möglichen Kunst- und Naturgegenstände der Vervielfältigung der Presse zugänglich sind. Was wäre mit derselben Nützliches zu schaffen! —

Möchten die reichen Kunstschätze des Vaterlandes, die zahllosen Denkmäler der österreichischen Monarchie, seien sie hoch, tief oder flach, nicht mehr als Unica gelten, und so einem möglichen Verluste Preis gegeben, sondern Gemeingut der Wissenschaft werden! Die graphischen Kunstzweige, die in diesem Buche näher bezeichnet erscheinen, sind zu ihrer Vervielfältigung berufen! Die einzelnen Stimmen dagegen gehören in die Zeit des Erfinders der Typen und Presse. Verantwortlich ist Versäumniss und noch mehr die Unterlassung.

Möchten aber auch bessere Schul- und Volksbücher sich der Ausgabe erfreuen, auf dass das Lernen verkürzt und ein besserer Geschmack unter dem Volke verbreitet werde!

Der Verfasser.

Erster Zeitabschnitt.

Der Bedarf der k. k. Aemter und Behörden in Wien an ämtlichen Druck-Arbeiten wurde in früherer Zeit mehren Privaten, welche den Titel als kais. königl. Hofbuchdrucker führten, zu liefern überlassen, und unter dieselben nach gewissen Stellen vertheilt, worin sie jedoch in festgesetzten Zeiträumen wieder wechselten.

Als aber die Staatsverwaltung die Zweckmässigkeit erkannte, sämmtliche Druckgegenstände der k. k. Aemter in Wien in einer Druckerei zu vereinigen, und die typographische Anfertigung der Staats-Credits-Papiere in eigene Aufsicht zu übernehmen, wurde im October 1804 die Errichtung einer eigenen Anstalt für die Druckgegenstände des kais. Allerhöchsten Hofes, der Hofstellen und der übrigen Behörden genehmigt, und zu diesem Behufe die früher bestandene Alberti'sche Buchdruckerei, welche später an Vincenz Degen käuflich überging, umgestaltet. Dieselbe war damals ein wohl eingerichtetes Geschäft; sie besass die gehörige Anzahl in gutem Stande befindlicher Holzpressen nebst den hiezu nöthigen Geräthschaften, eine vollständige Stufenreihe Wallbaum'scher Fractur-Schriften, eine eben solche der französischen Antiqua- und Cursiv-Schriften, jedoch nur in kupfernen Matrizen, die aus dem Auslande bezogen worden waren, und war so für eine geraume Zeit eine der ersten typographischen Anstalten der Monarchie, indem sie jedenfalls, wenn auch nicht an Ausdehnung, doch an Zweckmässigkeit und Ordnung der Einrichtung die Trattner'schen Officinen übertroffen hatte.

Dem verdienstvollen Hofbuchdrucker Johann Vincenz Degen, nachher k. k. niederösterr. Regierungsrath und mit dem Adels-Prädicate „Ritter von Elsenau" ausgezeichnet, wurde in Folge seines mit der damaligen k. k. Hofkammer, Finanz- und Commerz-Hofstelle abgeschlossenen gemischten Vertrages vom 17. October 1804 die Leitung übertragen. — Dieser Uebernahms-Contract verpflichtete Degen zur Lieferung sämmtlicher Staats-Drucksorten und der damit verbundenen Buchbinderarbeiten. Derselbe lautete indessen nur auf unbestimmte Zeit mit der besonderen Bestimmung, dass der provisorische Director die ganze für die Anstalt nöthige Einrichtung an Erfordernissen gegen allfällige künftige Ablösung herstelle, und dass die Hälfte des reinen Gewinnes, welcher sich nach tarifmässiger Vergütung laut eines eigenen zeitgemässen Preisverzeichnisses für sämmtliche Staats - Druckarbeiten jährlich ergab, dem Staatsschatze, die andere Hälfte aber dem Contrahenten Degen zufallen soll, zu welchem Behufe eine abgesonderte Rechnung geführt werden musste.

Eine weitere Bedingung des Vertrages bestand darin, dass die Anstalt in einem Staatsgebäude eingerichtet und auch der Druck der Bancozettel vom Jahre 1800, in soferne deren Nachdruck für nöthig erachtet werden sollte, übernommen wurde.

Für den Druck von Staatsschuldverschreibungen wurde eine Druckpresse bestimmt, hierzu besondere Buchstaben und Zifferstämpel geschnitten, und über diese Abtheilung von Seite der k. k. Hofstelle ein beaufsichtender Beamter ernannt.

Den Verkauf der Druckgegenstände, in soferne sich dieselben zur Hinausgabe an das Publikum eigneten, und hierzu die höhere Erlaubniss ertheilt wurde, übernahm Degen auf seine Buchhandlung gegen Verrechnung an den Staat gleich den übrigen Druckarbeiten für die Aemter, bis am 26. Jänner 1814 aufgetragen wurde, dass der Verschleiss im Staatsdruckerei - Gebäude selbst wegen des näheren Zusammenhanges mit den übrigen technischen Haupt-Abtheilungen stattzufinden habe.

Die provisorische Anstalt der Hof- und Staatsdruckerei mit der damit verbundenen Bancozettel-Verfertigung wurde in mehren Räumen des zweiten und dritten Stockes im Franciscaner-Klostergebäude, Stadt, Singerstrasse Nr. 913, untergebracht. Die Zahl der hölzernen Handpressen beschränkte sich auf 16 bis 20, und die Abtheilung für die Staats-Credits-Papiere wechselte je nach dem Bedarfe der Finanzstelle in einer Anzahl von 12 bis 24 Pressen.

Das in der Anstalt beschäftigte Personale belief sich je nach der Zahl der in Gang gesetzten Pressen auf 7 bis 8 Setzer, 40 bis 50 Drucker, und in der Schriftgiesserei auf 5 bis 6 Arbeiter, über welche zwei Oberfactoren und 3 bis 4 Unterfactoren zur unmittelbaren Aufsicht und technischen Leitung aufgestellt wurden.

Druckwerke, deren typographische Ausstattung auf einen höhern Kunstwerth Anspruch machen konnten, kamen damals noch keine aus den Pressen der Anstalt.

Ausser einer Maschine zum Guillochiren der Platten, mittels deren die Randverzierungen und Zeichnungen auf den Bancozetteln gemacht wurden, besass die Anstalt damals noch keine Maschine.

In Anerkennung der Wichtigkeit der geheimen Credits - Abtheilung der Staatsdruckerei wurden die dabei beschäftigten Arbeiter provisorisch von der Aushebung zum k. k. Militär befreit.

Zufolge Verordnung sollte sich die Anstalt die Lettern aller erbländischen Sprachen verschaffen, was aber aus unbekannten Gründen unterblieb.

Im Jahre 1812 wurde der Druckerei-Saal im ersten Stocke, wo bis dahin das Papiermagazin bestanden hatte, eingerichtet, dagegen die unter der k. k. vereinigten Einlösungs- und Tilgungs-Deputation gestandene Fabrication der Bancozettel bereits im Jahre 1810 aus dem früheren Raume des Franciscaner-Gebäudes in das Dominikaner-Kloster übertragen, jedoch auch dort unter die technische Oberleitung des Johann Vinzenz Degen gestellt.

Zweiter Zeitabschnitt.

Ein wichtiger Abschnitt in der Geschichte der Anstalt trat mit dem Beginne des Verwaltungs-Jahres 1815 ein, indem die allerhöchste Entschliessung erfolgte, dass die Hof- und Staatsdruckerei — nach Beendigung des im Jahre 1804 geschlossenen Vertrages — vom 1. November 1814 angefangen in das Eigenthum des Staates übernommen und hierbei auf die zweckmässigste Umgestaltung sorgfältigst vorgedacht werde.

In Gemässheit dieser allerhöchsten Entschliessung wurde der früher in Adelsstand erhobene und mit dem k. k. Rathstitel ausgezeichnete und bisher provisorisch aufgestellte Director Vinzenz Degen, Ritter von Elsenau, zum Director der Hof- und Staatsdruckerei, und der k. k. Banco-Hofbuchhaltungs-Rechnungs-Official Joseph Anton v. Wohlfarth, welchem bisher die Führung der den jährlichen Gewinn der Anstalt nachweisenden controllirenden Rechnung übertragen war, zum Directions-Adjuncten ernannt.

Zur Besorgung des Verschleisses und der Kanzlei-Arbeiten wurden der Direction zwei Beamte beigegeben.

Nach der Uebernahme der Hof- und Staatsdruckerei in das Staats-Eigenthum wurde weiter beschlossen, dass die bisher abgesondert bestandene Staats-Creditspapier-Druckerei mit der Hauptanstalt gänzlich vereinigt und in einer Rechnung geführt werde.

Hinsichtlich der Festsetzung der den Behörden für die gedachten Druck-Arbeiten aufzurechnenden Satz- und Druckpreise hatte die k. k. Hofkammer die Weisung erlassen, dass die Preise, falls sich Aenderungen nothwendig zeigen, künftighin immer nach den Preisen der übrigen Buchdrucker geregelt, und zur höheren Genehmigung vorgelegt werden sollen.

Ferner wurde der Direction aufgetragen, bei Anträgen auf Erhöhung der Löhnungen für die nicht stabil angestellten Factoren stets darauf zu sehen, dass die erhöhten Löhnungsbeträge jenen der ersten Privatdruckereien gleichstehen.

Im Jahre 1816 wurde die Hof- und Staatsdruckerei aus den von den k. k. Staats-Cassen seit dem Jahre 1805 bis 1811 der Anstalt geleisteten Vorschüssen, dann aus den nachgewiesenen und als Vorschüsse belassenen Gewinnsten von 1805 bis 1814, endlich aus dem Drittheile des Werthes der mit Ende des Vertrages vorräthig gewesenen Verlags-Artikel, zusammen mit einem Stamm-Capitale von 150.000 Gulden Wiener Währung als Fundus instructus begründet, und die 4% Verzinsung mit jährlichen 6.000 fl. W. W. angeordnet.

Im Jahre 1817 erfolgte die Ertheilung eines allgemeinen Amts-Unterrichtes. In Gemässheit des §. 16 hat sich diese typographische Anstalt durch musterhaften Satz und Druck, schöne Lettern, reine Farbe und schöne gleiche Papiere auszuzeichnen.

Im Laufe des Monates März 1817 wurde der Anstalt bekannt gegeben, dass Seine Majestät dem k. k. Rathe und Director Vinzenz Degen von Elsenau den Titel und Rang eines k. k. niederösterr. Regierungsrathes verliehen, und zugleich die stabile Anstellung von drei Factoren mit Anerkennung ihrer während der Privat-Vertrags-Zeit zurückgelegten Jahre, sowie die Besetzung eines Rechnungsführers allergnädigst genehmiget habe.

Im Jahre 1820 erhielt die Staatsdruckerei eine Erweiterung ihrer Arbeitsräume im Franciscaner-Gebäude durch Zuweisung des rückwärtigen Zimmers im zweiten Stocke und durch Ueberlassung der im ersten Stockwerke daselbst an ihr bisheriges Locale anstossenden drei Zimmer.

Mit dem Beginne des Verwaltungs-Jahres 1824 sind derselben sämmtliche Druckarbeiten der k. k. Obersten Hofpostverwaltung gegen Abzug von 10% der Tarifspreise zugewiesen, jedoch dieselben im Jahre 1831 wieder an einen Privatbuchdrucker überlassen, und mit Anfang 1844 abermals wieder an die k. k. Staatsdruckerei übertragen worden.

In Bezug auf die Arbeiten in der Credits-Abtheilung erging im Jahre 1824 die Weisung, dass die Sicherheit, welche man höchsten Orts für die Drucklegung der Staatspapiere beziele, eine der Ursachen war, welche zunächst die Gründung der Staats-Aerarial-Druckerei herbeiführte; daher es zu den vorzüglichsten Pflichten des Vorstandes gehöre, die Aufsicht bei solchen Drucklegungen selbst zu führen, und die Haftung mit der Direction der Evidenzhaltung der verzinslichen Staatsschuld gemeinschaftlich zu theilen.

Im Jahre 1827 verlor die Anstalt ihren würdigen Director, den k. k. Regierungsrath Degen, dessen Tod am 5. Juni erfolgte, und worauf dem Directions-Adjuncten von Wohlfarth die zeitweilige Oberleitung übertragen wurde.

Im Jahre 1832 ist Wohlfarth von Seiner Majestät zum Director der Hof- und Staatsdruckerei ernannt worden.

Mit 1. August des Jahres 1834 wurde in Folge höheren Auftrages die Hofkammer-Lithographie, welche im Jahre 1822 gegründet wurde, und deren erster Amtsunterricht bald darauf erschien, mit der Hof- und Staatsdruckerei versuchsweise vereinigt, und unter die Oberleitung des Directors von Wohlfarth gestellt.

In demselben Monate erhielt die gesammte Staatsdruckerei einen neuen Amtsunterricht, wobei die Stelle eines Directions-Adjuncten als entbehrlich eingezogen, und dagegen die eines Rechnungsführers-Adjuncten neu geschaffen wurde. Es wurde dem Director nicht nur die Aufnahme und Entlassung des untern Arbeitspersonales übertragen, sondern dieselbe auch auf die Factoren ausgedehnt, worüber das später erflossene Hofdecret das Ernennungsrecht und die Vorrückung in die Erhöhung der Wochenlöhnungen der Unterfactoren zur eigenen Amtsmacht des Directors nachdrücklich vorschreibt.

Zufolge allerhöchster Entschliessung wurde der bisherige k. k. Hofkanzlist Albert Richard zum Adjuncten der lithographischen Abtheilung und zweiten Oberbeamten der Anstalt ernannt.

Im Jahre 1836 wurde die Staatsdruckerei mit einer Dampfmaschine von drei Pferdekraft aus der Werkstätte von Fletcher und Punchon nebst zwei einfachen Schnelldruckpressen aus der Maschinenwerkstätte der Mechaniker Helbig und Leo Müller bereichert, nachdem zur Aufstellung dieser Maschinen im hinteren Tracte des Gebäudes auf die Seilerstätte ein eigener einstöckiger Bau geführt worden war.

Ausser diesen, einigen Präge- und gewöhnlichen hölzernen Glättpressen, dann einer alten Guillochir-Maschine besass die Staatsdruckerei keine wesentliche mechanische Werksvorrichtung. Es sind indessen daselbst auf höhere Anordnung mehrfältige Versuche mit neu erfundenen Maschinen gemacht worden, welche sich auf die Typographie und die mit ihr verwandten Zweige beziehen.

Die Stämpel-Druck- und Schneid-Maschine des Mechanikers Jacob Degen befand sich zur Vornahme der Proben ein Paar Jahre in der Staatsdruckerei, bis sie im Jahre 1821 von derselben zurückgestellt, und dann von der k. k. priv. National-Bank bei den ersten Banknoten zur Anwendung des rothen Druckes benützt wurde.

Ein auf die Stereotypie sich beziehender Antrag des John Watts wurde der Staatsdruckerei zur Prüfung zugewiesen, hiervon aber für die amtlichen Druckarbeiten kein Gebrauch gemacht.

Ebenso wurde diese Anstalt beauftragt, die Erfindung des Freiherrn von Schwaben, bestehend in einer Nummerir-Maschine zur Verwendung bei Staatspapieren zu prüfen, es ward aber derselben keine weitere Folge gegeben. Bald hierauf trat indessen die Schwaben'sche Stümpel-Maschine in's Leben.

Im Jahre 1838 ist das Aerarial-Papier-Dépôt in die Geschäftsleitung der Staatsdruckerei übergegangen, und über die Verwaltung desselben eine abgesonderte Instruction ertheilt worden.

Im Jahre 1839 aber wurde der Auftrag erlassen, dass diese typographische Anstalt nur auf solchem Papiere drucken dürfe, welches von den Behörden selbst zur Vorlage kömmt.

Ebenso geschah es, dass der Drucksorten-Verschleiss der Staatsdruckerei aufgehoben, und derselbe der Schulbücher-Verschleiss-Administration gegen 6% Provision zugewiesen wurde.

Der k. k. Rath und bisherige Director der gesammten Hof- und Staatsdruckerei, v. Wohlfarth wurde zufolge allerhöchster Entschliessung vom 30. Mai 1840 in den Ruhestand versetzt, und der Adjunct der lithographischen Abtheilung, als provisorischer Oberleiter aufgestellt. — Während dieser Zeit, vom 30. Mai 1840 bis zum Eintritte des folgenden Directors am 22. März 1841, bekam die Staatsdruckerei eine Bereicherung von drei eisernen Handpressen und einer Clichémaschine.

Aus dem dargestellten Verhältnisse und den ohne alle Beleuchtung hingestellten Thatsachen kann man ersehen, was im Zeitraume von mehr als 36 Jahren für dieses typographische Staats-Institut geschah. In den ersteren Jahren beschäftigte die Anfertigung der Bancozettel, später jene der Einlösungs- und Anticipations-Scheine dieselbe mehr als hinreichend. Ebenso nahmen die während der verschiedenen gedrängten Druck-Operationen und Kriegs-Ereignisse nothwendigen Arbeiten, die so schnell und in solcher Menge aufeinander folgten, dass an eine systematische Anschaffung und zweckmässige Einrichtung des Geschäftes überhaupt wohl nicht gedacht werden konnte, sie sehr in Anspruch.

Als dieser oft heftige und unerwartete Andrang vorüber war, fand sich die Anstalt mit einer ziemlichen Menge von Stümpeln, Matrizen und Schriften bereichert, die aber — nur für gewisse Zwecke angefertigt, der typographischen mehrseitigen Verwendbarkeit entbehrten.

Degen hatte sich durch die Gründung dieses Staats-Institutes, sowie durch die schönen typographischen Ausgaben, die alle aus seiner vorher und noch während der zehnjährigen Pachtzeit bestandenen Privatdruckerei hervorgingen, einen bleibenden Ruhm erworben.

Die folgende Direction betrachtete die Bestimmung dieser Anstalt von einem ganz anderen Gesichtspuncte. Sie suchte nur das zu leisten, was ihr von den Behörden zukam. Sie liess aus Sparsamkeit alle zu jener Zeit in Fülle auftauchenden neuen technischen Erfindungen unbeachtet vorübergleiten, und fand sich nur veranlasst, das nachzuschaffen, wozu sie unaufhaltsam gedrängt wurde. So geschah es, dass die Anstalt wohl stets die verlangten Arbeiten lieferte, an Zweckmässigkeit der Einrichtung, an Schönheit und Qualität der Ausstattung aber in Vergleich gegen die meisten Privat-Buchdruckereien der Monarchie zurückblieb.

Den geringsten Grad ihrer Thätigkeit mochte sie entwickelt haben, als die Anzahl der Arbeiter im Jahre 1840 in sämmtlichen typographischen Räumen von 71 auf 45 Individuen beschränkt wurde. Immer mehr nahm die Benützung der Staatsdruckerei von Seite der Behörden ab. Ihre abgenützten Schriften, die auch im Schnitte veraltet waren, entsprachen nicht mehr den billigsten Anforderungen der Zeit. Die alten hölzernen Handpressen waren sammt den beiden Schnellpressen häufig unbeschäftigt. Die typographische Ausstattung der Druckwerke, die grösstentheils aus Gesetzbüchern für den Staatsdruckerei-Verschleiss bestanden, war so sehr gesunken, dass ohne eine gänzliche Umstaltung der technischen Mittel an eine zeitgemässe Anfertigung nicht zu denken war.

Die Schriftgiesserei war derart in Verfall, dass bei den wenig vorhandenen Schriftgattungen, die alle mehr auf einen zufälligen als einen geordneten Kegel gegossen waren, kein geregelter Nachguss mehr geschehen konnte. Durch die jahrelang bestandenen Defectgüsse hatte jeder seine eigene Zurichtung. Indessen war die Druckerei durch die lange Reihe von Jahren im Gewichte der Lettern so sehr angewachsen, dass sie unter die schwersten derartigen Anstalten gezählt zu werden verdiente.

Die Holzsteg-Ausschliessung, welche längst aus den vorzüglichsten Druckereien verschwunden war, war grösstentheils die Ursache, dass selbst Tabellen, welche die Hauptbeschäftigung der Anstalt bilden, nicht ordnungsmässig geliefert werden konnten.

Das Papier hielt mit der übrigen typographischen Leistung gleichen Schritt. Abgesehen von der minderen Qualität und dem ungefälligen äusseren Ansehen war dasselbe so gemischt, dass man oft in einem Gesetzbuche, Schematismus, einer Instruction oder einem Reglement mehrlei Farben und Papiersorten fand.

In diesem Puncte zeichneten sich jedoch immer die Creditspapiere aus. Das Papier obschon geschöpftes und darum um so dauerhafter, blieb hinter dem heutzutage angefertigten Maschinen-Papiere an Eleganz nicht weit zurück.

Ein weiterer Wunsch bei den Druckarbeiten der Staatsdruckerei betraf den Einband. Der Buchbinder war durch jahrelange Beschäftigung in den ordinärsten Arbeiten gewohnt, auch bessere Gegenstände gleich den übrigen zu liefern. Kein Druckgegenstand konnte gleich gefalzt und im Winkel beschnitten sein. Der Haft des Buches war so beschaffen, dass dasselbe nicht ohne Krachen und Geräusch geöffnet werden konnte.

Gewöhnlich war zum Beschneiden eines Octavwerkes ein $1/_2$ oder auch $3/_4$ Zoll nöthig, zu welchem Behufe schon in der Presse das Format so eingerichtet wurde, dass der Mittelsteg um einen halben Zoll schmäler war als die rauhe vorstehende Blattseite, was dem Ansehen des Buches wesentlich schaden musste, weil so aus einem Gross-Octav ein Klein-Octav sich gestaltete.

So sank diese herrliche typographische Schöpfung der Staatsverwaltung und ihres verdienstvollen Organs, des würdigen Buchhändlers und eifrigen Beförderers der Typographie, von Degen, allmälig tiefer. Wie viel die Hofstelle für die Herhaltung zu thun gesonnen sein mochte, geht deutlich aus ihren bereits angeführten Beschlüssen hervor. Noch in letzterer Zeit wies man der Anstalt die Dampfmaschine und die beiden Schnellpressen als Eigenthum zu. Selbst mehrere neue Erfindungen waren der Beurtheilung der genannten Direction zugetheilt, in deren Begutachtung sie als geeignete Stelle auf dem typographischen Gebiete hätte unterstützenden und fruchtbringenden Einfluss nehmen können.

Dritter Zeitabschnitt.

Mit dem Anfange des Jahres 1841 beginnt der dritte Abschnitt der Gegenwart.

Seine Majestät geruhten mittels allerhöchster Entschliessung vom 24. Jänner d. J. den Lehrer der italienischen Sprache an der k. k. philosophischen Facultät und an der ständischen Sprachschule zu Linz, Alois Auer, der früher die Typographie ordnungsmässig erlernt und durch eilf Jahre theoretisch und praktisch sie betrieben hatte, und mittelst Nachsicht der vorgeschriebenen Studien zu dem obgenannten Lehramte von der Staatsverwaltung erhoben ward, zum Director der Hof- und Staatsdruckerei allergnädigst zu ernennen.

Vor Allem war das Nöthigste, die technischen Vorräthe umzustalten, damit die Leistungen den Anforderungen entsprachen, zu welcher jede bestellende Behörde in Bezug auf typographische Ausstattung berechtigt ist, und wie es auch der §. 16 des Amts-Unterrichtes vorschreibt. Die erste Reform traf das Letternwesen. Bei dem Eintritte des neu ernannten Directors wurden sämmtliche vorhandene Schriften, Verzierungen, Röschen und Vignetten in einem Quarthefte abgedruckt, und so eine förmliche Typenschau des gesammten Vorrathes bewerkstelligt, um aus derselben zu entnehmen, was für die Zukunft noch brauchbar erschien. Es ergab sich hierbei eine Aufstellung von 53 Letternsorten, wovon nur einige auf fernere Verwendung Anspruch machen konnten. Mit dem Hofdecrete vom 16. September 1841 wurde die Anfertigung einer Fracturschriften-Reihe von Diamant bis einschliessig Text in 12 Grössengraden angeordnet. Hierauf wurden die dazu nöthigen Compact- oder fetten Fracturlettern geliefert. Im Jänner 1843 wurde eine neue Antiqua- und Cursiv-Garnitur beigeschafft. Kaum als die sogenannte Colonelschrift im Schnitte fertig war, erfolgte die allerhöchste Genehmigung der Drucklegung des Stammbaumes der österreichischen Regenten von Leopold Pirtzl, welche typolithographisch durchgeführt wurde.

Bald nachher musste zum Umgusse der alten Schriften geschritten werden, die in einem Gewichte von 633 Centnern aufgehäuft waren. Um aber denselben billiger und schneller herzustellen, hielt man es für nöthig, den bestimmten Wochenlohn für die Arbeiter der Schriftgiesserei aufzuheben, und nach dem Beispiele der Privaten denselben nach einem neu entworfenen Tarife zu bezahlen, wodurch man den ferneren Vortheil der Gleichförmigkeit mit der typographischen Abtheilung erreichte.

Die neu angefertigte Fractur-Garnitur wurde nach einem typometrischen Systeme (genau berechnete Gradation oder Steigerung nach Puncten) in Guss genommen, und von jeder Schriftgattung nur so viel angefertigt, dass man allmälig in einem eigenen Zimmer die zierlicheren Arbeiten ausgezeichneter behandeln konnte. Diess veranlasste manche Behörden, welche früher in anderen Buchdruckereien ihre Druckgegenstände verfertigen liessen, nach und nach zur Staatsdruckerei zurückzukehren. Bei diesem Umstande wurde dem Mangel an Beschäftigung bald abgeholfen. Das sonst monatlang wenig beschäftigte Personale kam in thätige Verwendung. Viele typographisch anziehende Gegenstände kamen zur Ausführung, die vorher durch den Steindruck besorgt wurden oder gänzlich unterblieben. Die Handels-Tabellen des Rechnungs-Departements des Hofkammer-Präsidiums eröffneten die Reihe der ersten grösseren tabellarischen Werke der Staatsdruckerei. Diesen folgte die Druckauflage der österreichischen Statistik des General-Rechnungs-Directoriums ganz nach typometrischen Grundsätzen ausgeführt.

Nach Vollendung des ersten Gusses der Fracturschriften wurde schon im Jahre 1841 auf die Umstaltung des Staats-Schematismus für 1842 angetragen, und die Druckmuster hohen Orts genehmigt. So erschien der gedachte Jahrgang ungeachtet des schwierigen Satzes von 75 Bogen in gr. 8. am Eingange des neuen Jahres in zeitgemässer Ausstattung auf schönem Median-Maschin-Druckpapier mit den neuen Lettern um den Preis von 2 fl. 40 kr., während die früheren Jahrgänge auf geschöpftem Median-Druckpapier von bedeutend minderer Qualität 3 fl. 40 kr. und 4 fl. Conventions-Münze kosteten.

Da mit den zwölf Fractur-, Antiqua- und Cursiv-Lettern-Gattungen nur für den Anfang abgeholfen war, und eine Anstalt wie die Staatsdruckerei so viele sogenannte Accidenz-Arbeiten zu liefern hat, so musste durch den Ankauf der geschmackvollsten Titel- und Zierschriften aus fremden Giessereien des In- und Auslandes dem ersten Bedürfnisse begegnet werden. Pfundweise wurden daher dieselben verschrieben, und auf dem Wege der neu eingerichteten Stereotypie zum alleinigen Gebrauche dieser k. k. Anstalt vervielfältigt. So mühevoll und mangelhaft dieses Verfahren war, so konnte doch nur durch dieses Hilfsmittel der Zweck erreicht werden, da der Ankauf eines grösseren Gussquantums oder der Matrizen bei dem wandelbaren Geschmacke der Zeit zu grosse Auslagen verursacht und diese wichtigeren Anschaffungen entzogen haben würde. Bald hierauf erschien ein neues Schriftprobebuch mit 57 neuen Lettern in einem 1. Hefte, und im Verlaufe von einiger Zeit das 2. und 3. Heft, welche 175 einheimische Schriftgattungen enthalten.

Nachdem das Streben in der Lettern-Umstaltung und im Satze selbst sichtbar wurde, bot sich ein weiteres dringendes Bedürfniss dar, nach und nach die älteren und mangelhaften Holzpressen zu beseitigen. Für das in der Anstalt vorhandene alte Eisen und Messing geschah auf dem Wege des Umtausches gegen nachträgliche Genehmigung der Hofstelle die Erwerbung der ersten 4 eisernen Stanhope-Pressen aus der Werkstätte der Mechaniker Helbig und Müller, und einer neu erbauten Guillochir-Maschine nach einem höchst einfachen Principe von Carl Dietzler, der später noch eine Drehbank für Stereotyp-Platten lieferte, zu welcher der Mechaniker Hoffmann ein ausgezeichnetes Ovalwerk anzufertigen hatte.

Diese vier eisernen Stanhope-Pressen, deren Anzahl durch spätere Anordnungen noch mit mehreren Kniehebel- oder Hagar-Pressen vermehrt wurde, ersetzten die hölzernen Handpressen des Drucksaales im ersten Stocke.

Eine Glättpresse von Holz, die zu ebener Erde aufgestellt und durch Abnützung gänzlich unbrauchbar geworden war, ersetzte eine neu bewilligte hydraulische Maschine von 800 Centner Kraft, aus der Werkstätte von Helbig und Müller, die auf dem Gusswerk in Blansko angefertigt wurde.

Da das ebenerdige Glättlocale durch eine nahestehende Küche, welche mittelst einer Zwischenmauer getrennt ward, leicht zu vergrössern war, so wurde in diesem Zimmer durch das Wegbrechen derselben mehr Raum gewonnen, so dass ein Stereotyp- sammt einem Trocken-Ofen aufgestellt werden konnte, an welchen sich noch ein gemauerter Behälter zum Messingguss und Härten der geschnittenen Schriften-Stahlstämpel anreihen liess. In demselben Locale mussten zur Beschleunigung des neuen systematischen Letterngusses noch zwei Schriftgiesseröfen angebracht werden, damit die in Masse unbrauchbar vorhandenen alten Schriften umgegossen und so schnell als möglich wieder in einer gefälligen und zeitgemässen Form zur Anwendung kamen. Die Schriftgiesser, deren Erzeugnisse die Grundlage zu schöneren typographischen Erzeugnissen bilden, wurden von 5 bis auf 20 Personen vermehrt.

Ein Eckzimmer des zweiten Stokkes schloss die früher schon bestandene Schriftgiesserei-Abtheilung ein, deren Werkvorrichtungen bereits durch den langjährigen Gebrauch dergestalt abgenützt waren, dass der grösste Theil derselben erneuert werden musste. Kein Guss-Instrument, deren 90 Stücke vorhanden waren, entsprach dem neu einzuführenden typometrischen Systeme. Eine Anzahl neuer Hobel, ein Bestosszeug und viele andere Geräthschaften mussten beigeschafft werden, um einen entsprechenden Guss sowohl in Beziehung auf Quantität als Qualität liefern zu können. Einen Vergleich der Leistungen des Jahres 1840 und 1841 gewähren die an die Druckerei abgelieferten gegossenen Lettern, indem im Jahre 1840 — 76 Centner unsystematische, im Jahre 1844 aber 527 Centner genau systematische Schriften verfertiget und 332 Centner alte Schriften umgegossen wurden. Die früher vorhandene Clichémaschine musste erst, da sie nur auf einige kleine Kegel für den Guss eingerichtet war, um sie vortheilhafter und vielseitiger zu machen, für die verschiedensten Kegel und Grössen umgestaltet werden. Ebenso wurde später daselbst ein Titelschrift-Gussofen aufgestellt.

Die neue hydraulische Glättpresse kam in das 1. Stockwerk, nämlich in das Expeditionszimmer der gedruckten Arbeiten, wohin sie der Natur ihrer Verrichtung nach gehört, damit die aus derselben kommenden geglätteten Drucksorten gleich dem Factor zur Hand liegen. Dagegen mussten die unter dem Expeditions-Personale befindlichen beiden Correctoren in das nebenstehende Zimmer untergebracht werden, um die für ihr schwerverantwortliches Geschäft nöthige Ruhe und Geräuschlosigkeit zu gewinnen. Gleichzeitig wurden in dem übriggebliebenen Raume Setzer zu den vorzüglichsten Arbeiten angestellt.

Eine hydraulische Glättpresse aber würde, da die Druckarbeiten in bedeutendem Zuwachse begriffen waren, nicht mehr hingereicht haben, indem in früherer Zeit bei dem oft gefühlten Mangel an Beschäftigung drei hölzerne Glättpressen in Verwendung sich befanden. Indessen wurde das Bedürfniss einer ferneren

Beischaffung hohen Orts nicht als genügend erkannt und zur Schonung der Casse-Mittel auf eine andere Weise, d. i. durch eine Eisenbahn und sogenannte bewegliche Nothpressen, die man einem glücklichen Einfalle verdankt, abgeholfen.

Das Locale ward bereits durch angehäufte Druckarbeiten so beengt, dass eine Zwischenmauer, welche ein Cabinet vom Glättzimmer trennte, weggeräumt werden musste. In dem Hintergrunde, in der Mitte der Zimmerwand, wurde nun die hydraulische Presse angebracht, an deren beiden Seiten ein Tisch-Gestell von 3 Schuh Höhe befestigt, und auf demselben eine ganz gewöhnliche Schienenbahn angelegt. Mittelst mehrerer Wagen, worauf man das Papier in einzelne Bogen in glänzende Kartendeckel einlegt, wird die durchschossene schwere Last unter die Presse gerollt, mittels eines Hebels ungefähr eine Mass Wasser in eine Röhre gepumpt, und die Menge des Papiers bis an den oberen eisernen Querbalken aufwärts getrieben, bis die Kraft der Zusammenpressung von beinahe 800 Centnern erreicht ist. An dem Fundament und dem Deckel des Wagens sind eiserne Bestandtheile mit Löchern angebracht, in welche während des gepressten Zustandes sehr starke Eisenstangen eingehängt werden, damit die elastische Menge des Papiers und der Kartendeckel nicht auseinandergehen kann. Nach der Oeffnung der Presse wird die zusammengepresste Wagenladung hinaus geschoben, eine andere eingeführt, und so fortgefahren, bis die auf dem ersten Wagen befindliche Quantität geglättet erscheint, wornach die Bögen und Deckel auseinander genommen, und neue eingeschossen werden, die eben so wieder zur Glättung kommen. An Glättdeckeln wurde eine Menge von 18.000 Stücken aus altem unbrauchbaren Papier hierortig selbst erzeugt.

Nachdem die Druckbestellungen immer mehr anwuchsen, die abgesondert bestandene Lotto-Druckerei mit einem stabilen Factor und Unterfactor sammt den stabil angestellten Amtsdruckern aufgehoben, und der Druckbedarf der Lotto-Direction, ferner die Postarbeiten und gefällsämtlichen Drucksorten für Ober-Oesterreich und Salzburg so wie die Eisenbahn-Druckgegenstände sammt vielen anderen wichtigen Arbeiten, zusammen in einem Quantum von 16.000 Riess, der Staatsdruckerei zugewiesen wurden, genehmigte die Hofstelle die Anschaffung von zwei neuen Schnellpressen, wovon die eine 18 bis 24 und die andere 23 bis 32 zöllige Formen zu drucken gestattet, welch letztere, wenn nicht grösseres Regal-Papier im Drucke ist, zum Doppeldrucke von zwei Bögen und zwei kleineren Formen verwendet wird, und ein Jahr nachher, da auch diese nicht mehr zureichten, eine Doppelschnellpresse zum Drucke von zwei Bögen mit einer einzigen Form, zu deren Bewegung die bisher immer unbenutzte und überflüssige Kraft der Dampfmaschine benützt wurde.

Der Druckmaschinen-Saal ward durch den Zuwachs dieser neuen Schnellpressen und ihrer ununterbrochenen Thätigkeit bereits so beengt, dass auf Raumgewinnung dringend gedacht werden musste. Durch die Beigabe einer Bogenzählmaschine an jede Schnellpresse fand sich das geeignetste Mittel, weil dadurch eine Anzahl von 10—12 Individuen in diesem Saale entbehrlich wurde, deren Verrichtung durch eine von der Schnellpresse nach jedem Drucke eines einzelnen Bogens selbstbewegte Uhr viel richtiger und sicherer bewerkstelliget wird.

Ebenso mussten zur Schonung des Raumes statt der erwachsenen Bogen-Ein- und Ausleger bei den Schnellpressen Knaben angestellt werden, die dann nicht mehr im gewissen Wochenlohne Aufnahme fanden sondern nach der Menge ihre Bezahlung erhalten. Für tausend Abdrucke ist der Preis von 6 kr. bestimmt. Da auf einer Schnellpresse mit 2 Knaben wöchentlich 60 bis 70.000 Bogen einseitig gedruckt wurden, so kömmt auf Jeden mindestens der Betrag von 3 fl. C. M., während die verwendeten Personen wöchentlich die Hälfte lieferten, und die doppelte Löhnungsauslage verursachten. Der Heizer erhält zur Herhaltung der nöthigen Feuerungsstunden und Controlle des Fleisses den Antheil eines $\frac{1}{4}$ Kreuzers pr. tausend Druckbogen. Die Aufseher der Maschinen werden zum Belege der Unabhängigkeit von diesem Verdienste im gewissen Wochenlohne bezahlt.

Alle diese hier entbehrlich gewordenen erwachsenen Leute, welche in bestimmter Löhnung kaum die Hälfte lieferten, kamen bei dem sich noch immer mehr häufenden Zusammenflusse von Druckarbeiten zu anderen technischen Dienstverrichtungen, die auf Veredlung und Verschönerung der Ausstattung des zu liefernden Druckquantums Bezug nahmen.

In demselben Grade, als durch die Verwendung mehrer Menschenhände durch den Gebrauch neuer Schriften und Pressen und übrigen neu beigeschafften technischen Einrichtungen, die Auslagen wenigstens für den Anfang steigen mussten, wurde nun immer rascher zum Gewinne der noch unbenützten Kraft der Dampfmaschine von drei Pferdekraft, wovon aber kaum der vierte Theil verwendet wurde, geschritten.

Das Waschen und Reinigen der vollends ausgedruckten Schriftformen geschah durch Jahrhunderte auf eine den Lettern sehr nachtheilige Weise. Man unterhielt bisher den Tag hindurch, besonders in grossen Druckereien, einen Vorrath heisser Lauge. Diese wurde über die farbige Form gegossen, und die Schrift mit einer angemessenen harten Bürste so lange gerieben, bis sie von der Farbe gereinigt war. In der Staatsdruckerei verursachte die Anschaffung der Lauge bei dem geringen Geschäftsgange des Jahres 1840 allein einen Kostenaufwand von 160 Gulden C. M.; rechnet man das hierzu nöthige weiche Holz zum Unterhalten der Hitze für jährliche 44 Klafter zu 8 fl. C. M. auf 352 fl. und den Verbrauch der Bürsten auf 72 fl. C. M., so ergibt sich eine Gesammtauslage von 584 fl., welche bei dem gegenwärtigen Geschäftsbetriebe den dreifachen Betrag von 1752 fl. jedes Jahr erreichen würde, und nur den geringsten Theil des Schadens bildet, der durch dieses Reinigungsverfahren entsteht, wenn man die Abnützung der Lettern, welche in der halben Zeit des Gebrauches zu Grunde gehen, erwägt.

Der Buchstabe, welcher so oftmals durch die Hände geht, bis er seine Vollendung zur Anwendung des Druckes erreicht, der vom Schriftschneider und Giesser bis zum Fertigmacher mit so vieler Zartheit und Aufmerksamkeit behandelt wird und so grosse Kosten den Buchdruckerei-Eigenthümern verursacht, hat schon durch einen nicht feinfühlenden Setzer beim Corrigiren, noch mehr aber bei der Behandlung im Drucke so viele Misshandlungen zu erfahren; jedoch das Waschen derselben übertraf jede Vorstellung. Diesem Uebelstande konnte hierortig nur dadurch begegnet werden, dass die überflüssig entweichende Hitze des Dampfkessels durch eine Hauptröhre in den ersten und zweiten Stock in zwei Kupferbehälter, in welchen sich ein Röhrensystem befindet, geleitet wurde, damit die darin sich befindliche kalte Lauge erhitzt und siedend erhalten wird. Oberhalb dieses Röhrenlagers ruht, an einer Kette hängend, welche mittelst einer Kurbel und Winde zum Versenken und zur Emporbringung der Schriftform dient, ein durchlöchertes eisernes Fundament, worauf der Letternsatz zu stehen kommt, und derselbe von der siedenden Lauge begossen wird. Nachdem der Kessel, durch den oberhalb angebrachten Deckel, ein Paar Minuten geschlossen bleibt, während welcher Zeit sich der Drucker die nächst zu druckende Form und das hierzu erforderliche Papier vorbereitet, ist die Farbe von der Form gelöset, und der Drucker hat dieselbe, nachdem er sie ganz leicht aus der siedenden Lauge herausgewunden, nur ganz sanft abzubürsten. Das nebenstehend entweichende warme Wasser aus einer kupfernen Ableitungsröhre des Dampfkessels dient zum Abspülen der Letternform. Auf diese Art wird die Schrift noch einmal so lange für den Gebrauch erhalten, der Holz- und Bürsten-Ankauf beseitiget, die Lauge, die aus der vom Dampfkessel entfallenden Asche fast unentgeltlich erzeugt wird, läuft nicht wie früher halbverbraucht ab, sondern bleibt in dem zweckmässig gebauten Kessel, und wird dann, wenn sie schwach und von der Farbe unrein geworden ist, wieder dadurch geschärft, dass sie neuerdings in die Aschenbottiche aufgeschüttet und durch dieselbe geläutert wird.

Ebenso kommt die überflüssige Kraft der Dampfmaschine in Verwendung für die Bewegung einer Farbreibmaschine. Hiedurch wird der Vortheil erreicht, dass die Farbe bis ins Undenkliche fein zerrieben, nicht nur ergiebiger gemacht wird, sondern auch, dass dadurch der Druck reiner hergestellt, und die Lettern abermals geschont werden.

Ferner wird eine Papier-Satinir- oder Cylindrir-Maschine getrieben, welche bei schönen Auflagen dem Papiere nach geschehener Drucklegung, indem dasselbe zwischen fein geschliffenen Zink-, Kupferoder Stahlplatten durchgewalzt wird, neuerdings den von der Papierfabrik durch eine eben solche Maschine erhaltenen Hochglanz wiedergibt, den es durch die Feuchtung vor dem Drucke theilweise verloren hat. Bei Gold- und Silber- oder anderem Metall-Drucke verleiht es demselben jenen Spiegelglanz, der durch die hydraulische und andere derlei Pressen unerreichbar ist.

Auf einer Drehbank, die ebenfalls in unmittelbarer Verbindung mit der bewegenden Dampfkraft steht, werden alle in der Anstalt gegossenen Metallplatten in jeder beliebigen Form abgedreht.

Ferner wird eine Maschine zum Schneiden, Ziehen und Hobeln für Messing-Linien, deren Anfertigung von Schriftgiesserzeug auf die bisher übliche Weise so grosse Kosten verursachte, und diese nur für so kurze Dauer in Verwendung sein konnten, im Gange erhalten.

Zur Schonung und anderweitigen Verwendung des Hausdienstpersonales wird das sonst in einer Menge von ungefähr 2—3,000 Eimern von der Dampfmaschine geschöpfte und als überflüssig in den Hauscanal abgelaufene kalte Wasser durch eine Pumpmaschine bis in den zweiten Stock zum Gebrauche des gesammten Personales in die Höhe getrieben und durch eine Röhre für Jedermann zugänglich gemacht, was sowohl für den technischen Gebrauch als auch bei Feuersgefahr von unberechenbarem Nutzen ist.

Eine Kreissäge liefert das in kleinere Stücke zerschnittene Holz sowohl für den ganzen Bedarf des Gebäudes als auch, wenn nicht mit Kohlen geheizt wird, für die Dampfmaschine selbst. Die davon unentgeltlich gewonnenen Sägespäne werden zum Abtrocknen der aus den galvanischen Apparaten gehobenen Formen und zu verschiedenen anderen Zwecken in der Anstalt verwendet. Durch die Verkleinerung des Holzes ergibt sich bei dem Holzverbrauche unter dem Dampfkessel das günstige Resultat, dass ungeachtet der entfallenden Sägespäne jetzt ein ziemliches Quantum Brennmaterial erspart werden kann. Noch günstiger hat auf die Holz-Ersparung die Verlängerung des Dampfkessels gewirkt, da gegenwärtig das 36zöllige Holz nicht mehr über den Kessel hinausragt, sondern die Flamme desselben sich nur bis an das Ende des Kessels erstreckt. Der früher dicht an der Schlussmauer des benachbarten Hauses angemauerte Dampfkessel, welcher den Rauchfang bis an die höchste Spitze und die umgebenden Mauern bis zur Brennhitze erwärmte, wurde um einen Schuh vorwärts gerückt, und diese überflüssig verbrauchte und entwichene Hitze reicht jetzt fast allein zur Beheizung der Waschapparate hin; was in dem Umstande seine Begründung finden durfte, dass im Jahre 1840 bei zwei einfachen Schnellpressen täglich eine halbe Klafter weiches 36zölliges, gegenwärtig aber bei 14 verschiedenen Maschinen nicht mehr Holz erforderlich ist.

Als indessen die technischen Zweige zu ebener Erde und im ersten Stocke, nämlich die Schriftgiesserei erweitert und geregelt, die Stereotypie neu erbaut, ein galvanisches Cabinet eingerichtet, eine mechanische Abtheilung mit den genannten Maschinen geschaffen, die Dampfmaschine gehörig ausgebeutet, das Glätt- und Expeditions-Locale vergrössert und zweckmässig umgestaltet ward, und der Schnell- und Handpressen-Saal grösstentheils neue Druck-Maschinen umfasste, wurde mit der Umstaltung des zweiten Stockes begonnen.

Auch da wurden die im ersten Zimmer befindlichen fünf Holzpressen, welche für ordentliche Arbeiten durch Abnützung in der Länge der Zeit fast ganz unbrauchbar geworden waren, zur Gewinnung der ohnehin spärlichen Tageslichte abgeschlagen, und eine Setzerei eingerichtet, damit die schweren Formen vom ersten Stocke nicht aufwärts in den grossen Drucksaal des zweiten Stockes getragen werden durfen.

In diesem Saale befanden sich innerhalb der Credits-Abtheilung ebenfalls 5 hölzerne und 3 eiserne Handpressen sammt 5 Stampigli- oder Wurf-Maschinen, nämlich zum Eindrücken trockener Stämpel.

Die funf Holzpressen wurden durch nach und nach beigeschaffte Stanhope- und Kniehebel-Pressen ersetzt. Die in der Credits-Abtheilung aufbewahrten Formen wurden gesichtet, und die entbehrlichen durch Umguss verwerthet, das in zu grosser Menge aufgehäufte Vorraths-Quantum von Defectgüssen umgeschmolzen, und ein **neues Inventarium gleichzeitig mit der übrigen Anstalt-Schätzung** aufgenommen.

Ein besonderes Verdienst kommt der Staatsdruckerei dadurch zu, dass in dieser wichtigen Section nie ein Versehen Platz gegriffen hat.

In der anstossenden Kuche wurde die Stereotypie, nachdem die höhere Genehmigung zur Einräumung eines ebenerdigen Zimmers fur die Buchbinderei des Contrahenten erfolgte, eingerichtet, in welcher nun alle darauf Bezug nehmenden Arbeiten, als: das Modelliren, das Liniengiessen, Ziehen und Hobeln, so wie das Härten der Stahlstämpel geleistet werden.

Ausserdem wurde ein neuer Dampf-Wasch-Apparat für die Druckformen und die dazu nöthige Laugbottich sammt einem steinernen Wasch- und Feuchttisch, auf welchen die Dampfwasserleitung hinzielt, aufgestellt.

Während dieser Umgestaltung und der immer zuwachsenden Drucksorten erhielt die Staatsdruckerei in Folge einer Anordnung des Herrn Hofkammer-Präsidenten Freiherrn v. Kübeck, gegen Abgabe der im Bancohause und Mariazellerhofe benützten Räume eine Erweiterung ihrer technischen Arbeitsräume durch die Zuweisung des ganzen dritten Stockwerkes, des schönsten und geräumigsten Saales in der ganzen Anstalt. Derselbe wurde mit 4 eisernen Kniehebel-Pressen bestellt, und der erste Guss der typometrisch-vollendeten Schriftsorten hier in Anwendung gebracht. In diesem Saale vereinigten sich alle neuen Erzeugnisse der umgeformten Schriftgiesserei. In demselben Masse, als man aus den übrigen Abtheilungen das abgenützte Lettern-Materiale zur Umschmelzung abzog, in demselben Grade wuchs es hier in neuer zeitgemässer Form an, bis endlich die Kästen gefüllt, und sich die Masse der Leistungen auf dem typometrischen Gebiete sowohl als im systematischen Lettern-Gusse die Bahn in die übrigen Setzereien brach. Immer kleiner und enger wurde das Feld des Vorrathes an unsystemisirten Lettern, bis endlich am Ausgange des Octobers 1844 der letzte Rest alter Schriften der Schriftgiesserei zum Umschmelzen übergeben ward.

Die grösste Schwierigkeit dieser Einrichtung bestand wohl darin, dass die Anstalt mit dem Jahre 1841, als sie ihre ersten typographischen Producte in würdigerer Ausstattung zur Anschauung brachte, gleich einen so bedeutenden Zuwachs an Bestellungen erhielt. So wünschenswerth es für das Erträgniss der Anstalt, für die Beschäftigung des Personales und die Benützung der vorhandenen Werkvorrichtungen und leeren Räume sein musste, die Arbeitsleistung des Jahres 1840 von 8.000 Riess auf 15.000 Riess zu steigern, so war gerade dadurch die Reformation am meisten erschwert, weil die Lieferung der Druckarbeiten nicht gehemmt, sondern noch mehr als in der Vorzeit beschleuniget werden sollte, da Schnelligkeit, Präcision, würdige Ausstattung die Grundbedingnisse der Anstalt bilden. Noch schwieriger aber war bei der so schnell gesteigerten Thätigkeit und dem Zuwachse an neuem Personale und dem bald fühlbaren Mangel an Raum die Beseitigung der Vermengung des alten Lettern-Vorrathes und des neuen Typensystems, da im Falle der Vermischung zwischen den gleichnamigen, und nur unbedeutend in der Grösse abweichenden Schriftgattungen wohl kein Ausweg mehr zu finden gewesen wäre. Die Ausscheidung der Drucksorten, welche nach dem neuen oder alten Systeme angefertigt werden sollten, forderte eine strenge Absonderung in den Localitäten, und es mussten bei diesem Umstande sowohl hinsichtlich des Personales als des Materiales zwei streng gesonderte Druckereien bestehen.

Im Vorhause des dritten Stockes, welches einen 20 Klafter langen schmalen Gang bildet, wurde die bis dahin zu ebener Erde in mehreren Zimmern befindliche Steindruckerei, welche bei der Ernennung des neuen Directors der Staatsdruckerei definitiv mit dieser typographischen Haupt-Anstalt verbunden worden war, mit sieben lithographischen Pressen untergebracht, für welche bald nachher eine neue Instruction verfasst und vorgeschrieben wurde. Durch die regelmässige Aufstellung der sieben Pressen in einer Reihe so wie durch die Vereinigung aller nöthigen Geräthschaften ward es möglich, die zweite Factorsstelle einzuziehen, und dessen Verrichtungen an den ersten Factor, der nicht nur die Leitung, sondern auch alle Gravirungs- und Schreibgeschäfte zu besorgen hat, zu übertragen.

Die Arbeitsstunden von 8 bis 12 und von 12 bis 2 Uhr, welche letztere besonders vergütet wurden, fanden ihre bleibende Erweiterung auf die Tagesstunden von 8 bis 12 Uhr und von 2 bis 7 Uhr Abends, und die Separat-Vergütung wurde der Wochenlöhnung zugeschlagen.

An Behörden waren für die Drucklegung ihrer amtlichen Drucksorten zugewachsen: der Hofkriegsrath mit einigen Unterbehörden, die Hofkanzlei, die Cameralgefällen-Verwaltung, die oberste Hofpost-Verwaltung und das Bücher-Revisionsamt.

Die ebenerdigen Räume von mehreren gewölbten Zimmern wurden zur Unterbringung des unter der Verwaltung des lithograph. Adjuncten zu Anfang des Jahres 1842 mit der Staatsdruckerei enger vereinigten Papier-Dépôts benützt, welches bisher im Bancohause befindlich, zwar unter die Oberleitung und Aufsicht des Directors gestellt war, jedoch nach einer höheren Anordnung vom 27. Juli 1839 jede Papier-Quantität nach Riess, Buch und Bogen, so oft eine Bestellung von einer Behörde einlangte, mittelst eines von derselben bestätigten Lieferscheines vorlegte.

Dasselbe wurde, nach dem Austritte des obgenannten Adjuncten, einem Unterfactor übergeben, welcher die betreffenden Abtheilungen des Stellen- und Staatsdruckerei-Dépôts nicht nur bezüglich des Empfanges und der Ausgabe in jährlichen 4 bis 5.000 Posten und mehr als 40 Papiergattungen verwaltet, sondern auch alle hierauf Bezug nehmenden Verrichtungen sammt der Journals-Führung besorgt. Das früher unter einer eigenen Hausspesen-Verwaltung, seit 1843 aber bis zu seiner Auflösung und Vereinigung mit den Stellen-Dépôts einschliessig 1845 bestandene hofkriegsräthliche Filial-Papier-Magazin musste gleichzeitig von demselben Individuum versehen werden.

Mit dem Beginne des Jahres 1844 wurde der Direction der bis zum Jahre 1839 von der Staats-Druckerei selbst ausgeübte Verschleiss der bei ihr gedruckten amtlichen Schriften, welcher im genannten Jahre der Schulbücher-Verschleiss-Administration zur Verwaltung zugewiesen ward, wieder zurückgegeben. Auch dieser material- und geldverrechnende Zweig wurde dem Papier-Depôt-Factor zur Besorgung um so mehr anvertraut, als derselbe schon durch eine Reihe von Jahren mit der Handhabung des Verschleissgeschäftes betheiligt war, und zur grösseren Bequemlichkeit des Publikums bei dem Ankaufe von Verlags-Artikeln sowohl als zur leichteren Uebersicht der sämmtlichen Papier-Magazine in das unmittelbar an diese anstossende erübrigte ebenerdige Locale gebracht, welches den Haupt-Eingang in der Singerstrasse hat; der Verschleiss-Vorrath im Werthe von 100.000 fl. C. M. wurde wegen Mangels an Raum auf dem ersten grossen Dachboden untergebracht.

Eine wesentliche Bedachtnahme nahm man bei Wiederauflagen von Verlagsgegenständen, dass dieselben im Preise nicht erhöht, auf schönerem Papier und mit scharfen Lettern würdig ausgestattet wurden.

Bei neuen Staatswerken kommt fast immer nur der Erzeugungspreis in Anschlag und zur Vergütung.

Um die gemeinnützige Verbreitung mehr und mehr zu fördern, schritt man zur Verfassung und unentgeltlichen Ausgabe eines Verlagsverzeichnisses, das über 260 bedeutende Gegenstände und mehr als 400 einzelne Verordnungen und Patente enthält.

Obschon sich in diesem Kataloge, mit Ausnahme einiger in neuester Zeit aufgelegter Pracht- und Privat-Werke, kein allgemein streng wissenschaftliches Streben bemerkbar macht, wozu die Staatsdruckerei ihrer amtlichen Bestimmung gemäss sich nicht berufen fand, und in dieser Beziehung sich wesentlich von ihrer Schwester-Anstalt, der kön. Buchdruckerei in Paris unterscheidet; so mochte doch der Hauptgrund vorzüglich darin liegen, dass ihr bisher die nöthigste Abtheilung, die Schriftschneiderei, mangelte.

In keinem Zweige der Kunst und Wissenschaft hat ein längerer Stillstand Platz gegriffen, als im Schnitte einheimischer, besonders aber fremder Sprachzeichen.

Schon vor einem Jahrhunderte war Wien thätig im orientalischen Typen- und Sprachenthume, und wir haben an Meninski's grossem türkisch-arabisch-lateinischen Wörterbuche ein bleibendes Denkmal.

Seit Schade in Wien und den einzelnen Bestrebungen einiger Anderer hat Oesterreich im einheimischen Letternschnitte nichts Bemerkenswerthes hervorgebracht.

Die im Jahre 1830 von dem Herrn Hofrathe Freih. v. Hammer-Purgstall selbst im Schnitte geleitete und verbesserte Taalik, welche, ausser Persien, ihrem Vaterlande, in Europa die schönste genannt wurde, gab einigen Impuls zur Nacheiferung.

Im Monate Februar 1844 wurde von Seite des Präsidiums der k. k. allgemeinen Hofkammer die Drucklegung der zwischen der Pforte und Oesterreich bestehenden Handels-

und Schiffahrts-Tractate in italienischer Uebersetzung angeordnet. Das türkische Original sollte lithographirt werden. Durch die Verwendung des Herrn Hofrathes Anton Edlen von Kraus, welchem die Redaction übertragen war, wurde von dem Herrn Hofkammer-Präsidenten, Freiherrn von Kübeck, der Schnitt einer originellen Neschi-Schrift genehmiget. Baron Hammer - Purgstall und mehrere hiesige Orientalisten erkannten die Schwierigkeit des Gelingens. Bisher war noch keine so durchgeführt, dass der Orientale nicht die Beschränkung der Freiheit und Zierlichkeit seiner Schriftzüge erkannt hätte.

Diejenigen Lettern, womit man die Staatszeitung zu Constantinopel druckt, wird zwar wegen ihres echt orientalischen Schwunges und der vielen zusammengeschnittenen Stämpel als die schönste und gelungenste hervorgehoben, allein, da die kaiserlich - türkische Druckerei ungeachtet der kräftigsten Verwendung, aus eigenthümlichen Rücksichten keine Matrizen und keinen Guss abliess, so blieb nichts anderes übrig, als diese Schrift nach neuen Originalzeichnungen selbst zu schneiden.

Der k. k. hiesige Hofbibliotheks-Scriptor Albrecht Krafft lieferte die Zeichnungen nach einem ausgezeichneten Exemplare des Koran. Diese wurden in lauter kleinen viereckigen Räumen sechzehn Mal grösser als der wirkliche Schnitt entworfen, um dem Schriftschneider den Charakter zu versinnlichen. So oft auch der in der Staatsdruckerei in Stahl geschnittene Stämpel zur Correctur abgezogen werden musste, und noch der Erwartung nicht entsprach, wurde derselbe mit unermüdetem Fleisse und der grössten Beharrlichkeit umgeformt, bis er zur Matrizirung gelangte. Nach vollendetem Probegusse von mehr als 500 Matrizen und dem hierauf erfolgten Abdrucke wurde eine bedeutende Anzahl von Stämpeln neu geschnitten. Keine Kosten wurden gescheut, um dieser Schriftsorte den echt orientalischen Eindruck zu verschaffen.

Nach sechs Monaten war der zur dringenden Drucklegung nöthige Haupt-Guss vollendet, und der erste verbesserte Abdruck kam zur Vorlage an die Hofstelle und die hierüber competenten Richter und Orientalisten. Die Herren Hofräthe Baron Hammer-Purgstall und Valentin von Huszár, so wie der k. k. Staatskanzlei - Hofconcipist Anton von Hammer, der k. k. Rath und Professor der orientalischen Akademie, von Rosenzweig etc. erkannten mit Ausnahme kleiner Nachbesserungen, die später vorgenommen wurden, diese Neschi in Hinsicht ihres echt orientalischen Schwunges und der Genauigkeit der technischen Vollendung als die beste und gelungenste. Zum Beweise möge das hier nachfolgende Schreiben des hochgefeierten Orientalisten seine Stelle finden, welches von ihm an den Director der Hof- und Staatsdruckerei Herr Alois Auer gerichtet ward:

Wien den 21. Jänner 1845.

Wohlgeborner, geehrtester Herr Director!

„Ich sende hier die letzte verbesserte Schriftprobe mit meinem besten Dank zurück. Dieselbe kann sich, was die Schönheit und Reinheit des Zuges betrifft, mit der Schrift der osmanischen Staatszeitung vollkommen gleichstellen, und übertrifft dieselbe an der Genauigkeit der Verbindung. Die Kleinigkeiten der Gleichheit der Puncte wird sich leicht bewerkstelligen und das Ganze noch zu grösserer Schönheit vervollkommnen lassen; aber schon so wie dieselbe dermalen aussieht, übertrifft sie alle arabischen Druckschriften, die mir bekannt, an Reinheit des Zuges und echt orientalischem Schwung. Im wissenschaftlichen Interesse bleibt Nichts zu wünschen übrig, als dass bei der nächsten Industrie-Ausstellung (1845) die Staatsdruckerei mit dieser neuen Schrift soviel als möglich orientalische Alphabete auflege, damit in dem Berichte über die Industrie-Ausstellung auch die Ueberlegenheit der kaiserlichen Staatsdruckerei an Reichthum ihrer Alphabete, wenn nicht über die zu Paris, doch über alle Pressen von Deutschland klar dargethan werden könne. Ich wünsche Ihnen und der orientalischen Literatur zu diesem Fortschritte aufrichtig Glück, und verharre mit der aufrichtigsten, Ihrem Verdienste schuldigen wahren Hochachtung etc. etc. etc.

Hammer-Purgstall."

Die darin enthaltene Andeutung wegen Anfertigung eines reicheren Typenschatzes veranlasste das Hofkammer-Präsidium, dem dieses Schreiben mit dem ersten Correctur-Abzuge zur Beglaubigung der gelungenen Bemühung unterbreitet worden war, zum ferneren Auftrage, dass die Hof- und Staatsdruckerei bei der dritten allgemeinen österreichischen Gewerbe-Ausstellung in Wien in allen Fächern der Typographie, besonders aber in der noch immer zu wenig beachteten Schriftschneiderei und Galvanoplastik etc. sich zu betheiligen, und zu diesem Behufe die wichtigsten Alphabete einheimischer und fremdsprachlicher Typensorten anzufertigen habe.

Dieser Erlass, welcher für die höhere Typographie Oesterreichs eine ehrenvolle Bahn brach, welcher die im Innern dieser Staatsanstalt schlummernde Kraft zu grösseren Leistungen belebte, und die Wünsche des Vorstandes auf ein Mal erfüllte, ward in seiner umfangreichen Bedeutung erkannt. Alle Typen- und Vater-Unser-Sammlungen, die der Staatsdruckerei-Director schon im Jahre 1839 auf einer Reise durch einen grossen Theil von Europa und früher gesammelt hatte, fanden nun ihre Benützung. Die hiesige Hofbibliothek bot viele seltene Schätze hiezu dar, die mit Ermächtigung des damaligen Herrn Hofbibliotheks-Präfecten Grafen von Dietrichstein bereitwillig ausgefolgt worden waren.

In allen Zweigen der gesammten Staatsdruckerei entstand nun, obwohl die Anstalt mit amtlichen Druckarbeiten überladen war, eine noch mehr gesteigerte Thätigkeit. Die Zeit der Eröffnung der Gewerbe-Ausstellung war nicht mehr so ferne, und die vorhandenen amtlichen Erzeugnisse zu keiner öffentlichen Ausstellung geeignet. Es musste in dieser kurz bemessenen Frist etwas Neues geschaffen werden!

Die Stämpelschneiderei, welche dem Vorstande wohl als die wichtigste Aufgabe vorleuchtete, bot in dem Umstande eine neue Schwierigkeit, dass mit Ausnahme eines Individuums die Anstalt und selbst alle übrigen Buchdruckereien der ganzen österreichischen Monarchie keine eigentlichen Schriftschneider besass. Es mussten also die geeignetsten Individuen der Anstalt gewählt und hierin, mit einigen Vorkenntnissen versehen, weiter unterrichtet und gebildet werden. Sämmtliche Tagesstunden wurden ununterbrochen benützt, und nach den Originalien rastlos fortgeschnitten, bis am 15. Mai bei Eröffnung der Wiener Gewerbe-Ausstellung eine Anzahl von mehr als 5.500 Stahlstämpel und bei 10.000 Matrizen in 60 fremdsprachlichen Alphabeten in mehren Tafeln abgedruckt zur öffentlichen Anschauung ausgestellt waren.

Um aber dem Publikum einen historischen Ueberblick zu verschaffen, wie weit die Schriftschneiderei in Deutschland und in anderen fremden Staaten in und ausser Europa gediehen, war es nöthig, die seit der Erfindung der Buchdruckerkunst entstandenen Typensammlungen von grösserer polyglotter Bedeutung zu veranschaulichen und zur augenblicklichen Uebersicht und Vergleichung gegenwärtig zu halten. Damit Oesterreich würdig vertreten und ihm der verdiente Platz in der Geschichte der Schriftschneiderei für einheimische und fremdsprachliche Typen eingeräumt werde, stellte der Staatsdrukkerei-Director diese ihm bekannten Typensammlungen in Tabellen nach ihren Quellen unter dem Titel: „Typenschau des gesammten Erdkreises, neu angefertigt in der k. k. Hof- und Staatsdruckerei zu Wien 1845" zusammen, und machte so durch die Nachahmung der Originalien den Beweis des wirklichen Besitzes in einem Ueberblicke von 7 Tafeln ersichtlich.

Die erste Tabelle zeigt Deutschlands fremde Typen in 19 Auszügen aus Meyer's Gutenbergs-Album, Braunschweig 1840.

Der zweite und dritte Bogen stellt die Uebersicht von Deutschlands Alphabetensammlung dar, welche von Ballhorn 1845 in Leipzig veröffentlicht wurde.

Die vierte Tafel rollt Frankreichs fremde Sprachzeichen auf, und zeigt uns alle Typpen, welche die k. Buchdruckerei in Paris bis 1840 zusammen vereinigte. Das Original dieser Typenschau findet sich in Falkenstein's Geschichte der Buchdruckerkunst, Leipzig 1840, aus der k. Pariser Druckerei selbst abgedruckt. Diese stand bisher noch immer allgemein in ihrem Typenreichthume angestaunt da, und selbst die typographischen

Institute zollten derselben die Bewunderung, die diese mehr durch die vielen sprachlichen Producte als durch den Stämpelschnitt und den Besitz von 42 fremdsprachlichen, worunter mehrere derselben aus stammverwandten Idiomen zusammengesetzt, und manche aus der Druckerei der Propaganda zu Rom entlehnt sind, verdient.

Der fünfte Bogen repräsentirt Hollands und Englands grösstentheils in Kupfertafeln abgedruckte Vater-Unser-Sammlungen. Einer besonders ehrenvollen Erwähnung verdient die in jüngster Zeit zuerst in Stahl geschnittene javanische Schrift von Enschede in Harlem.

Der sechste Bogen enthält Italiens Typenschau in der zwar sprachlich fehlerhaften Bodoni'schen Vater-Unser-Ausgabe vom Jahre 1806. Sie ist die erste Sammlung mit beweglichen Lettern. Bodoni hat den grössten Theil seines Lebens auf den Schnitt fremdsprachlicher Zeichen verwendet, und uns die reichste Ausbeute mit 28 Alphabeten geliefert.

Der siebente Bogen zeigt Indiens Schriften-Reichthum in der Missionsdruckerei zu Serampore 1818 durch das daselbst in 52 Sprachen und Mundarten abgedruckte Vater-Unser [*]. Schade, dass von England und der akademischen Druckerei zu Berlin und Petersburg keine vollständig erschienenen Schriftproben bestehen, da diese typographischen Institute so viele wichtige wissenschaftliche Producte ins Leben riefen. Das Wörterbuch in 200 Sprachen, welches unter der Regierung der grossen Kaiserin Katharina erschien, würde ungeachtet seiner grossen Mangelhaftigkeit, die die grosse Herrscherin selbst erkannt, einen würdigen Stoff zur weiteren Bearbeitung und Anwendung der reichhaltigen Typenschau Oesterreichs bieten.

Die letzte Tafel, betitelt „Oesterreichs fremde Typen," enthält die Aufstellung von 72 Alphabeten (später 104), die nicht nach Sprachverwandtschaft geordnet, sondern nur nach dem zufälligen Raumvorrathe angereihet sind.

Von denjenigen Zeichen, wovon die Wiener Staatsdruckerei mehre Hunderte oder Tausende von Charakteren besitzt, ist nur, wie es sich bei dem Chinesischen zeigt, um den Sprachnamen theilweise zu vertreten, eine Reihe von Typen angebracht, da die übrigen auf eigenen Tafeln, nach den Schlüsseln geordnet, abbildet sich vorfinden, sondern auch 51 verschiedene Alphabete enthalten wären. Dasselbe sagt Falkenstein in seiner Geschichte der Buchdruckerkunst, Seite 322. — Allein diess berichtiget sich dahin, dass in diesem Hefte nur 13 verschiedene Lettersorten vorkommen, wie dies oberwähnte Tafel und das Original auf der hiesigen k. k. Hofbibliothek nachweisen.

---

[*] In Ersch und Gruber's Encyclopädie unter dem Artikel „Orientalische Studien" wird erwähnt, dass diese Typenschau als die reichste der Erde anzusehen sei, und dass darin nicht nur 53 Vater-Unser in den ihnen eigenthümlichen Sprachzeichen abge-

gedruckt erscheinen. Diese chinesischen Zeichen, bei 12.000 an der Zahl, sind ursprünglich auf Kosten und nach der Angabe des k. k. Professors und Directors des botanischen Gartens in Wien, Stephan Endlicher, in Blei angefertigt, und von demselben zur galvanischen Matrizirung und zum ferneren Gebrauche der Staatsdruckerei kostenfrei überlassen worden.

Alle diese fremden und auf zwei Tafeln vereinigten einheimischen Typen sind in ein typometrisches System gebracht, wobei ein jeder Buchstabe unter seine im Raume genau berechnete Grössen - Rubrik eingereihet erscheint.

Zuerst wurde ein ähnliches System von Didot eingeführt. Dasselbe verpflanzte die Schriftgiesserei der Andreä'schen Buchhandlung in Frankfurt am Main (Benjamin Krebs) mit einigen Veränderungen nach Deutschland, und verbreitete es nach besten Kräften; leider scheint es nur an einigen Orten Eingang gefunden zu haben.

Der Vorstand, von dem unberechenbaren Nutzen dieses Systemes durchdrungen, unterwarf demselben Schriften, Ausschliessungen, Stege etc., und führte selbes ungeachtet der grössten Schwierigkeiten consequent von dem Beginne seines Antrittes der Directorsstelle in ungefähr 5 Jahren durch, bis es nun vollendet in mehr als 1,200 Centnern dasteht. (Auf den Centner gehen im Durchschnitte bei kleineren Schriften 50 bis 60,000 Buchstaben.)

Ein sehr sinnreich entworfenes Tableau, welches bei der genannten Gewerbeausstellung zur Anschauung vorlag, zeigte uns nicht nur die Verhältnisse der Schriftkegel nach diesem Systeme klar und deutlich, sondern führte auch die ganz neue Anwendung eines Lettern - Raumbemessungs-Systems auf die Höhe und Breite der Buchstaben vor Augen.

Auf diesem Blatte findet sich das Ausmass eines jeden einzelnen Buchstabens der gewöhnlichen und fetten Fractur- und gothischen Schrift, der gewöhnlichen und fetten Antiqua- und Cursiv-Lettern, dann der deutschen, französischen und englischen Schreibschrift etc.

Holz und Metall unterliegt der Veränderung, ersteres durch Feuchte und Trockenheit, letzteres durch Abnützung etc. — Ein solches systemmässig aufgestelltes Ausmass ist aber, da es sich lediglich nur auf Berechnung der Grössen gründet, unveränderlich, und eine wann immer durch diese angestellte Prüfung wird erweisen, ob die als Mass dienenden Körper sich verändert haben oder nicht.

Der Schriftschneider findet hier die Höhe und Breite jedes Schrift-Charakters bestimmt angegeben, und man kann durch eine einfache Berechnung das hier dargestellte Buchstaben-Ausmass auf grössere und kleinere Schriften übertragen.

Der Schriftgiesser ersieht hieraus, welche Lettern gleiche Breite oder Dicke haben, und wird hierdurch in den Stand gesetzt, eine gewisse Anzahl von Buchstaben ohne Veränderung des Instruments, d. h. nur mit einmaligem Zurichten, giessen zu können.

Der Setzer aber kann durch eine kurze Zusammenzählung der Buchstaben nach Puncten sogleich ersehen, was für eine Schrift er auf einen gewissen gegebenen Raum, z. B. bei Tabellen und anderen typometrischen Darstellungen u. dgl., für diese oder jene Rubrik zu wählen hat; ebenso ist ihm hiedurch bei Correcturen das gegenwärtig so mühevolle und doch mangelhafte Ausschliessen, wenn natürlich auch die Spatien nach diesem Systeme gegossen sind, ungemein erleichtert; überdiess kann beim Setzer nie Mangel an Ausschliessung eintreten, indem man statt der einen allenfalls vergriffenen Sorte durch Zusammenstellung anderer Gattungen jede gewünschte Höhe, Stärke oder Breite augenblicklich herzustellen im Stande ist.

Endlich dient es auch dem Autor bei typometrischen Arbeiten als Leitfaden zur Wahl der für gewisse Räume zu verwendenden Schriften. Durch kluge und vielseitige Benützung dieses typographischen Raumbemessungs-Systemes würde das Studium aller Wissenschaften ungemein erleichtert werden, denn der menschliche Geist hat schon hie und da das Bedürfniss desselben geäussert; die Geschichte, Statistik, Arithmetik, Anatomie, Botanik u. s. w. haben ihre Tafeln; welche Wirkungen würden derlei Zusammenstellungen erreichen, wenn dieses System hiezu benützt worden wäre! Es ist die wirkliche und beinahe einzige Mnemotechnik! Es erleichtert dem Gedächtnisse das Behalten von gewissen Formen und Zahlen; es ordnet eine ganze Wissenschaft nicht etwa nur in einen Rahmen, sondern zu einem typometrischen Gebäude, bei welchem jeder Theil derselben eine Colonne einnimmt, einen gewissen Platz ausfüllt, und so ein unverlöschliches Gerippe bildet, das bei der Wiedervorstellung eines Bestandtheiles auch wieder seine Nebengestalten mit sich führt. Eine so geordnete Encyclopädie der Wissenschaft würde jedem Beflissenen mehr Dienste leisten, als jedes Universal-Lexicon in Buchform; dieses bietet dem Erinnerungs-Vermögen nur die Beschreibung einer Einzelnheit, jenes aber das gesammte Bild einer ganzen Wissenschaft, deren Gliederung und Zusammenhang durch einen Ueberblick ersichtlich gemacht wird.

Nach diesen Grundsätzen sind vorher benannte Typentafeln in musterhaftem Ebenmasse behandelt. Einen der kräftigsten Beweise der Sicherheit und Vielseitigkeit dieses typometrischen Systemes liefert der von dem Vorstande dieser Anstalt herausgegebene und um 86 Vater-Unser vermehrte Adelung'sche Mithridates. Diese Sprachenhalle, bestehend aus 9 Bogen nebst 2 lithographirten Beilagen, von dem Director A. Auer, liefert nach dessen typometrischem Systeme das Vater-Unser in 608 Sprachen und Mundarten vorerst nach Welttheilen in sieben Tafeln, und dann innerhalb derselben nach Stämmen in eigenen Spalten abgetheilt. Obschon die Originalien mit allen Fehlern absichtlich nachgeahmt erscheinen, und diese erst in einer künftigen Ausgabe, mit Originaltypen gedruckt*), verbessert werden sollen, so dürfte dieses Werk, von keiner ähnlichen Zusammenstellung erreicht, in typometrischer Hinsicht als die höchste Vollendung angesehen werden. — Mehren hunderttausend Buchstaben sind vorher ihre bestimmten Räume angewiesen. Eben so consequent findet sich die Typometrie mit allen ihren Vortheilen der bildlichen Aufstellung in den beiden in Linz erschienenen französischen und italienischen Sprachlehren und Tabellen von Auer im gleichen Raume von 496 Seiten durchgeführt. Nach seiner Behauptung lassen sich durch die fügsame Typometrie alle verwandten Idiome der Erde capitel- und seitenweise gleich in ihrer grammatischen Darstellung behandeln.

Hieher gehörig sind noch folgende ausgestellte Druckwerke zu erwähnen: Die Jubelfeier Sr. kais. Hoheit des Herrn Erzherzogs Carl Ludwig, als Grosskreuz des militärischen Maria-Theresien-Ordens sowohl in Folio mit Gold und Kupfer gedruckt und der Titel mehrfärbig ausgeführt, als auch in der verkäuflichen schwarzgedruckten Octav-Ausgabe.

---

*) Bereits erschienen 1847.

Ein ganz vortrefflich eingetheilter Stammbaum von Oesterreichs Regenten, durch Typo- und Lithographie meisterhaft ausgestattet.

Sämmtliche Tractate Oesterreichs und der Türkei in deutscher, französischer und englischer Sprache, mit der italienischen Uebersetzung begleitet, im Schwarzdrucke, gr. 8. Die Original-Ausgabe ist mit türkischen Lettern gedruckt. Die Ausstattung derselben ist in echt orientalischem Charakter gehalten. Auf der ersten Hinterseite ist in einem sternförmigen mit mehren Farben ausgeschmückten Ornament der Titel abgedruckt. Auf der vierten Seite befindet sich die ebenfalls mehrfärbig ausgeführte Eingangs-Vignette. Die Schlagworte sind roth, der übrige Text aber schwarz gedruckt. Das Ganze gleicht mehr einer orientalischen Pracht-Handschrift als einem Erzeugnisse der Buchdrucker-Presse.

Das k. k. Münz- und Antiken-Cabinet, beschrieben von dem Director J. Arneth, und ein italienisches Wörterbuch aller amtlichen Ausdrücke von Dr. Bolza, gr. 8.

Selbst die Blinden waren nicht vergessen, auch für sie sind drei Grössen sehr gelungener Schriftenstämpel ausgestellt worden. Ferner war ein mit neu angefertigter gothischer Schrift nachgeahmter Bibel-Abdruck von Gutenberg und eine Seite eines japanischen Romans in Cursivschrift höchst bemerkenswerth.

Wie schnell die vor so kurzer Zeit angefertigten fremdsprachlichen Zeichen Anwendung fanden, beweiset das schnelle Aufeinanderfolgen von mehreren orientalischen Druckwerken.

Eine Ausgabe des Frühlingsgartens von Mewlana Abdurrahman Dschami in persischer Sprache und deutscher Uebersetzung von Baron Schlechta.

Eine Sanskrit-Sprachlehre sammt Chrestomathie von Dr. Boller, dann eine von dem Med. Dr. August Pfizmaier verfasste japanische Grammatik sammt Lese- und Wörterbuch.

Eine türkische Sprachlehre mit Vergleichung des Arabischen und Persischen von August Pfizmaier.

Aus diesem Zuströmen orientalischer Manuscripte dürfte wohl eine gesegnete Zukunft für den asiatischen Bücherdruck sich eröffnen, und Schätze, die auf Bibliotheken reichlich aufbewahrt liegen, mit einem Male gehoben werden.

Eine besonders ehrenvolle Stelle verschaffte sich bei der österreichischen Gewerbe-Ausstellung die in der Staatsdruckerei seit 8 Jahren mit vieler Liebe betriebene Jakobi'sche Erfindung der Galvanoplastik, von welcher sehr viele Erzeugnisse der Anstalt ersichtlich waren.

Dieses der Natur abgelauschte, gepriesene und nur zu oft misskannte Verfahren erfreut sich hier der eifrigsten Pflege. Neun Apparate sind in fortdauernder Thätigkeit; unter diesen befinden sich einige, in denen Platten von 768 Quadrat-Zoll Grösse und 24 Pf. Gew. erzeugt worden sind.

Bisher lieferte dieselbe mehr als 20.000 Matrizen von Schriften und eine Unzahl von Einfassungen, Eckstücken, Vignetten, Adlern, Rastra u. s. w., sowohl als Matrizen, wie auch eine Menge von Exemplaren erhaben zum Drucke. Nebstdem wurden viele Aufschriften für Blanketten, einige Copien gestochener Kupferplatten, und die dauerhaftesten Stereotypen von zähem Kupfer in der höchsten Vollendung erzeugt.

Letztere Anwendung der Galvanoplastik scheint insbesondere von hoher Wichtigkeit zu sein, und verdient somit die vollste Aufmerksamkeit der Typographen und Schriftgiesser.

Aber leider ward diese herrliche Erfindung von den meisten Schriftgiessern nur zum Nachtheile der Schriftschneider verwendet; indem sie pfundweise neue Schriften kaufen, und nach abgenommenen Matrizen mit dem Gusse ungescheut Handel treiben.

Wenn der Schriftschneider für seine Erzeugnisse früher bloss durch den Verkauf von abgeschlagenen Matrizen belohnt ward, so konnte diess nur immer in einem sehr geringen Grade geschehen. Kaum als er seine Matrizen an einige der wohlhabendsten Buchdrucker und Schriftgiesser verkaufte, wurden diese schon als unumschränktes Eigenthum vom Käufer benützt, und Güsse in beliebigen Quantitäten an Andere abgegeben. Diejenigen, welche sich selbst die Matrizen nicht einmal, sondern nur ein geringes Guss-Quantum verschafften, trieben auf dem Wege der

Stereotypie nichts desto weniger ein ganz freies Geschäft.

Für solche Fälle kann sich der Schriftschneider, da mit dem Verbote der Stereotypie und Galvanoplastik, abgesehen von der Unausführbarkeit, die Anwendung dieser Erfindung für viele nützliche Zwecke verloren gehen würde, nur dadurch entschädigen, wenn derselbe bloss nach Einlangung einer gewissen Anzahl von Abnehmern, und selbst in diesem Falle den abzugebenden Originalguss immer um einen höhern Verkaufspreis ansetzt.

Die Staatsdruckerei hält auch diese wichtige Rücksicht des Eigenthums aufrecht. Sie ahmt nur derlei Gegenstände zum eigenen Gebrauche nach, und gibt weder galvanische noch davon abgenommene Erzeugnisse aus der Anstalt. Sie legt sich durch die Vereinigung aller gediegenen Producte im Fache des Schriften- und Einfassungsschnittes auf galvanischem Wege um den materiellen Kupferwerth, der durch die Auflösung sogleich wieder fruchtbringend gemacht werden könnte, ein Typen-Cabinet an, durch welches in Zukunft die wichtigsten Fragen über den Verfertiger, das Entstehen des Productes, die Verwendung, den periodischen Geschmack des Typenwechsels gelöset werden können, während, da bisher vielleicht Niemand auf diesen Gedanken kam, und bei den beschränkteren Mitteln der Privaten und deren Streben nach zeitlichem Gewinne nicht leicht dahin kommen wird, der jeweilige Typenschatz eines Zeitalters in seiner Zerstreuung ein ganz entwerthendes Schaustück der Vergänglichkeit bildet.

Wie diese Anstalt in allen Zweigen der Kunst unermüdet nach höherem Aufschwunge strebte, und im Innern immer mehr Thätigkeit entwickelte, eben so erfolgreich unterstützte sie in jüngster Zeit die Ausführung einer Erfindung, die im Bereiche der Typographie eine der wichtigsten Stellen unseres Jahrhunderts einzunehmen berechtiget ist, und die ein würdiges Seitenstück zu König's Erfindung der Schnellpresse bildet. So wie diese den Druck beschleunigt, und im Vergleiche zu den 1814 einzig bestandenen Handpressen das Fünffache leistet, so wird das bisherige Verfahren des Setzens mit einer Hand durch Tschulik's Setzmaschine auf die Thätigkeit der beiden Hände, und zwar der zehn Finger, nach Art des Clavierspielens übertragen.

Während König mit seiner Erfindung im Jahre 1809 bei den ersten Mächten Deutschlands um Aufnahme seines Gedankens nachsuchte, und nirgends Unterstützung fand, weil die zur Prüfung Abgeordneten sein Project für unausführbar erkannten, dessen Gegentheil er nach mehreren Jahren in London (1814) so glänzend bewies, fanden die Erfinder der Setzmaschine unsers Jahrzehends eine freundlichere Bewillkommnung.

Peter von Kliegl, in Pressburg, machte im Jahre 1839 seine neu erfundene Lettern-Sortir- und Setz-

Maschine bekannt. Obschon derselbe nur die erstere im Modell vollendet und die letzte kaum begonnen hatte, wurde ihm von Seite der ungarischen Nation durch einen Actien-Verein ein Darlehen von mehreren tausend Gulden C. M. zu Theil. Seine Majestät geruhten, zur Ausführung seines Projectes im Jahre 1844 ihm ein Geschenk von 6.400 fl. C. M. zufliessen zu lassen.

So sinnreich seine Erfindung war, so kam sie doch zu keiner praktischen Anwendung.

Young und Delcambre in London nahmen bald darauf ein Privilegium, und traten mit einer angeblichen neuen Setzmaschine auf. Sie leistet indessen bei dem complicirten Mechanismus, und bei dem Umstande, dass sie keine Spatien setzen soll, und diese erst zwischen die Worte durch Menschenhände eingelegt werden müssen, nicht mehr als der Setzer bei dem gewöhnlichen Verfahren.

Nicht minder complicirt ist der Mechanismus bei Clay's und Rosenborg's Setzmaschine.

Emanuel Tschulik, welcher aus Voitsdorf in Böhmen gebürtig, und bis zum Jahre 1844 zu Drosendorf in Unter-Oesterreich auf einer Herrschaft des Grafen Hoyos-Sprinzenstein Wirthschaftsbeamter war, nährte ungefähr seit dem Jahre 1837 unablässig die Idee zur Ausführung einer originellen Schreibmaschine. — Er wurde durch die Menge seiner Schreibgeschäfte hierauf geführt, die er mit Hilfe eines Mechanismus verkürzen und beschleunigen wollte.

Als er endlich darauf kam, dass er diess nur mittelst Lettern bewerkstelligen könne, ergab sich von selbst die noch wichtigere Maschine zum Setzen für Buchdruckereien.

Sieben Jahre baute er in Drosendorf mit Hilfe der dortigen Gewerbsleute an einem Modelle, bis er endlich im Juli 1844, von Mehren angeeifert, sich an den Director der Hof- und Staatsdruckerei nach Wien wandte, und ihn um die Besichtigung seines Modelles ersuchte. Derselbe erkannte nicht nur die Ausführbarkeit, sondern auch die Vortrefflichkeit seiner Erfindung, indem sie ihm die einfachste unter allen oben angeführten Maschinen, und besonders hinsichtlich der praktischen Anwendung als höchst zweckmässig schien. Indessen konnte er dem Erfinder, der das bisherige Setzverfahren nicht kannte, nur den einzigen Ausweg zur besseren Durchführung seines Projectes, die Erlernung des bisherigen Setzens empfehlen, da er dadurch erst allen Anforderungen mit seiner Maschine zu Hilfe kommen könne. Er bot ihm, nachdem Tschulik sich vorher einen Urlaub von seinem Dienste erwirken musste, die Aufnahme in die k. k. Staatsdruckerei an. — Mittlerweile wurden die einzelnen Bestandtheile angefertigt. Schon nach einigen Wochen sprach der Mechaniker, dem der Bau der Maschine unter Abgabe eines Kostenüberschlages anvertraut wurde, das Mit-Erfindungsrecht an, und suchte Tschulik zu bewegen, dass er ihm die Hälfte des gesammten künftigen Erträgnisses versichere.

Nachdem eine geraume Frist in dieser Spaltung abgelaufen war, und Tschulik während dieser Zeit das angesuchte Privilegium erhielt, auch zum Baue einer zweiten Maschine schreiten wollte, musste der Mechaniker zu seinem Leidwesen erkennen, dass seine neu vollendete Maschine der Erwartung nicht entsprach. Er bot dieselbe um den Erzeugungspreis an, und sie wurde ihm, um die Fortführung derselben nicht mehr zu stören, gegen eine diessfällige Erklärung um die betreffende Summe abgelöset.

Die wichtigsten Theile wurden neu umgestaltet, und der Hauptbestandtheil, die 120 Canäle, in welchen die Buchstaben eingefüllt und die Vorrichtungen zum Herabfallen derselben angebracht sind, in den Apparaten der Staatsdruckerei auf galvanischem Wege aus zwei zusammengesetzten Stücken in höchster Vollendung angefertigt. Ein zweiter Maschinist lieferte die übrigen Erfordernisse, ein dritter den Quercanal in meisterhafter Construction, und ein vierter den Zeilenkasten.

Die erste österreichische Setzmaschine stand nun da, und obschon sie in der Zukunft noch einer Vervollkommnung fähig ist, und mehre Bestandtheile sich auf galvanischem Wege werden durchführen lassen, so ist sie gewiss das einfachste und einzig entsprechende Setzclavier.

Dasselbe muss alle übrigen Erfindungen in diesem Bereiche durch seinen einfachen Mechanismus überragen und verdrängen. Es setzt alle Buchstaben, Zeichen und Spatien durch eine gleiche Bewegung, nämlich durch das Andrücken der Tasten, und besteht im Ganzen nur aus fünf Hauptbestandtheilen, und zwar:

1. Aus einer Claviatur von 120 Tasten, womit die Buchstaben hervorgerufen werden;
2. ,, einem senkrecht stehenden Kasten mit 120 Canälen, in dem die Lettern eingefüllt sind;
3. ,, einem Quercanale, in dem die Buchstaben nach dem Andrücken der Tasten aus einem Reserve-Canale einzeln hinabsinken, und sich da vereinigen;
4. ,, einer endlosen Kette, an der ein Führer befestiget ist, welcher die Buchstaben zu ganzen Worten und Zeilen zusammenschiebt, und aus dem Quercanale hinausbegleitet, und
5. ,, einem Zeilenkasten, der die gesetzten Worte aufnimmt, und nachdem eine Zeile voll ist, sich durch das Andrücken einer Klappe von selbst weiterschiebt.

Diese Maschine bietet den unabsehbaren Vortheil, der keiner ihrer Schwester-Erfindungen eigen ist; sie kann in der gleichbleibenden Einfachheit durch Aufstellung von mehren Hauptcanälen oder Buchstabenkästen mit Hinzugabe des Quercanales und des Zeilenkastens zu einer mehrfachen Maschine mittelst einer einzigen Claviatur und eines einzelnen Setzers erhoben werden, so dass, wenn derselbe ein Wort accordmässig anspielt, dasselbe in jeder beliebigen Menge aus der aufgesetzten Vorrathskammer hervorgerufen wird. Die hiezu gehörige Lettern-Füll- oder Sortir-Maschine wird nächstens nach ganz originellen Grundsätzen von Tschulik durchgeführt werden, und ein unentbehrliches Seitenstück seiner ersten Maschine bilden. *)

Diese in Kürze beschriebene Setzmaschine wird zum compressen Satz für alle Sprachen eingerichtet. Für diese Vorrichtung hat nichts Anderes zu geschehen, als dass der Letternkasten, und bei sehr abweichenden Idiomen die Claviatur, ausgehoben und der hiezu geeignete Buchstabencanal sammt der entsprechenden Tastatur eingehängt werde.

Wenn auch das Setzen auf diese Art mehr als zehnfach beschleuniget und die Anfertigung des Satzes um so billiger zu stehen kömmt, so dürften Menschenhände wohl aus dem einfachen Grunde nicht in Ersparung kommen, da viele Arbeiten, welche bisher auf eine andere kostspieligere Art vervielfältigt wurden oder ungedruckt blieben, für den Typendruck zuwachsen werden. Besonders die fremdsprachlichen typischen Erzeugnisse dürften durch den Typenschatz aller in- und aussereuropäischen Idiome, welcher in dieser Anstalt sich so schnell gebildet, sich einer namhaften Erweiterung erfreuen, und hierdurch ein neues Gebiet eröffnet werden.

Ohne dass aber die Setzer die nöthigen sprachlichen Kenntnisse besitzen, gibt es kein Verständniss zwischen Autor und Typographen. Diesen Uebelstand lange erkennend, traf der Vorstand dieser Anstalt die Einrichtung, den Zöglingen, welche grösstentheils aus den ärmsten Familien aufgenommen wurden und die Verpflichtung haben, ihren Wochenlohn den Aeltern für ihre Verpflegung einzuhändigen, gegen Abzug wöchentlicher 20 Kreuzer den italienischen Sprachunterricht ertheilen zu lassen. Nachdem derselbe im Allgemeinen einen sehr erfreulichen Fortgang hatte, wurde der Director einige ausgezeichnete Sprachtalente gewahr.

Das Beispiel der Kleinen, für welche noch der Vortrag des Lateinischen, Griechischen und Hebräischen sich anschloss, veranlasste die Erwachsenen, nämlich die meisten Setzer und Correctoren, sich in Gruppen zu theilen, so dass der Unterricht, ausser den obgenannten vier Sprachen, noch im Französischen, Englischen, Ungarischen, Böhmischen, Türkischen in Vergleichung mit dem Arabischen und Persischen, dann im Japanischen, Chinesischen und der Sanskritsprache gegen Entrichtung eines sehr geringen Betrages zur Bestreitung des Honorars der betreffenden Lehrer ertheilt wird.

Der Unterricht findet Morgens, Mittags und Abends, d. i. in den

---

*) Bereits durchgeführt und in Anwendung.

Ruhestunden statt, damit der Gang der Geschäfte nicht beeinträchtigt werde.

An Sonn- und Feiertagen werden die Zöglinge in der Geographie und Geschichte und dann in sämmtlichen Zweigen der Typographie von den gewählten Unterfactoren der hierortigen Anstalt theoretisch und mit praktischen Versuchen begleitet, zweckmässig unterrichtet.

Ferner wurden noch ausser den Vorträgen über deutsche Sprache und Literatur, Zeichnen- und Schönschreibestunden veranstaltet, die von dem hierortigen Factor der Lithographie abgehalten werden.

So wirkt die hierortige Anstalt fruchtbringend und wohlthätig nach allen Richtungen. Arme Aeltern, welche ihren Kindern, die aus der Schule Vorzugsclassen mitbringen, keine angemessene Versorgung und Ausbildung verschaffen können, finden in diesem k. k. typographischen Institute für dieselben eine anständige Unterkunft.

Gegen Abgabe des vorstehenden Betrages geniessen sie gleichzeitig oder nach und nach jeden Unterricht, der ihrem Alter und ihren Anlagen zusagt. Ein Zurückbleiben im Unterrichte ist nicht leicht möglich, da die fleissigsten und befähigsten sogleich den schwächern als Helfer beigegeben werden. Die Verpflegung von Seite der Aeltern wird im Fortgange des Lernens sorgfältig überwacht, und im Falle die Vermuthung Raum gewinnt, dass der Knabe selbst Mangel an Nahrung duldet, deren Fälle sich schon mehrmals ereigneten, wird derselbe verhalten, unter den Augen des Maschinen-Aufsehers das von seinen Eltern in natura beigebrachte oder beigeschaffte Mittagsmahl einzunehmen. Körperliche Strafen sind aus der ganzen Anstalt strenge verbannt. Bei allfälligen Fehltritten oder eintretender Stockung im Lernen tritt eine ernste Ermahnung ein, bei dreimaliger Ermahnung erfolgt während der Probezeit der Austritt.

Nach Verlauf der mehrwöchentlichen Prüfungs-Periode wird vor dem Austritte noch die Verweisung als Ein- oder Ausleger an die Schnellpressen versucht. Sobald der Knabe von den Schnellpressen wegkömmt, und als Lehrling in eine der typographischen Abtheilungen eintritt, beginnt der gewisse Wochenlohn von 1 fl. 24 kr. C. M., und dieser steigert sich je nach Fleiss und dem Verhalten desselben auf 2—3 fl. C. M. bis zum Ende seiner Lehrzeit. Sobald der Lehrling drei neuere Sprachen theoretisch erlernt, die nöthige praktische Fertigkeit im Uebersetzen und Sprechen erlangt hat, und sich in einer technischen Abtheilung 7 fl. C. M. zu verdienen vermag, kann er seiner Lehre enthoben und freigesprochen werden. Diese Verfügung einer unbestimmten Lehrzeit, deren Dauer bloss von dem Eifer des Lehrlings bestimmt wird, erzeugt einen hohen Grad von Wetteifer.

So werden die ärmsten und selbst manche vernachlässigte Knaben von Abwegen gerettet und zu gebildeten Typographen herangezogen.

Je mehr aber diese neuen Einrichtungen sich ausdehnen, desto mehr vergrössert sich der Andrang von lernbegierigen Jungen, dem man aus Mangel an Räumen bei all dem Ueberflusse an Beschäftigung nicht entsprechen kann. Es mussten daher schon die Magazins-Localitäten geräumt, und deren Vorräthe auf dem mittleren Dachboden des Staatsdruckerei-Gebäudes untergebracht werden, in welchen das arbeitende Personale nur so lange in Verwendung bleibt, als es die Temperatur gestattet. In den Magazinen dagegen wurden hölzerne Pressen aufgeschlagen und bei angemessener Witterung beschäftigt.

Die Erwachsenen der verschiedenen Zweige der hierortigen Anstalt gehen mit gutem Beispiele voran, und widmen sich grösstentheils den selteneren Sprachen; sie dienen um so mehr den Jüngern als Vorbild, als jede Uebertretung der vorgeschriebenen Humanität eben so streng geahndet werden würde, während für besondere Bemühung und Bildungseifer in demselben Grade die Belohnung der Vorrückung zu besseren Plätzen erfolgt.

Auf diese Art wird streng geregelt nicht nur das Innere der Anstalt geleitet, sondern auch nach Aussen werden günstige Resultate bemerkbar. Andere Druckereien werden dem gegebenen Beispiele, wenn auch nicht in demselben Grade nachahmen. Junge und ältere wissenschaftlich gebildete Individuen finden im gegebenen Falle durch die zu ertheilenden Unterrichtsstunden eine ehrenvolle Unterstützung, Belehrung und Aufmunterung zu weitern Studien. Seltene Sprachtalente tauchen auf, die vielleicht für immer verborgen geblieben wären.

Im Technischen werden Fragen angeregt, die bisher durch eine Reihe von Jahren schlummerten und unberührt blieben. Die gegenseitige Conversation unter den Individuen der k. k. Staatsdruckerei wird dadurch zu einer anregenden ernsten Mittheilung in Kunst und Wissenschaft.

So wird die österreichische Typographie mit der ausländischen wetteifern, und ihr in diesem Fache des Unterrichtes zum Muster und zur Pflanzschule dienen.

In ganz Europa ist mit Ausnahme der königlichen Druckerei in Paris, in welcher die Alphabeten-Kenntniss der einzelnen Sprachen gelehrt wird, keine typographische Anstalt, die eine technisch-wissenschaftliche Bildungsschule für Typographen genannt werden könnte. Ohne eine solche können nur einzelne Erscheinungen gedeihen, aber die tüchtigen und allseitig gebildeten Techniker würden sonst nie in der geforderten Anzahl vorhanden sein, was sich bei so vielen erledigten Plätzen für Geschäftsführer so häufig bestätiget; und gelingt es auch nicht, dass jeder Lehrling zu einem höheren Posten sich emporschwingt, so wird diese Ausbildung nach und nach allgemeiner auf die arbeitende Menge sich verbreiten, und diess die Erwerbs-Unfähigkeit beseitigen helfen. Nicht ganz überflüssig dürfte noch die Bemerkung sein, dass jährlich das Honorar sämmtlicher Lehrer 1200 fl. C. M. beträgt, und diess lediglich durch freiwillige Beiträge von Erwachsenen und Lehrlingen bestritten wird.

Zum Schlusse noch ein Wort über Humanität. Im Jahre 1806 genehmigte die Hofstelle die unentgeltliche Drucklegung von Drucksorten, welche die barmherzigen Brüder in ihrem Wirkungskreise zur Krankenpflege bedürfen. Dagegen haben dieselben die erkrankenden Hausdiener und Arbeiter nach ihren Statuten unentgeltlich in ihrem Spitale bis zur Heilung zu verpflegen, welch' heilsamer Gebrauch noch bis heut zu Tage fortbesteht.

Das Arbeiter-Personale hat ferner unter der Anleitung der Oberfactoren Schneeberger und Zawadowsky im Jahre 1837 eine Vereinscasse errichtet, welche sie durch einen wöchentlichen Beitrag von 3 Kreuzern unterhalten. Aus derselben bekömmt jedes erkrankende Individuum der Anstalt zwei Gulden pr. Woche, wenn es sich zu Hause verpflegt, und Einen Gulden bei Verpflegung im Spitale, im Falle die Krankheit nicht mehr als drei Monate dauert. Auch eine Fremdencasse wurde mit derselben vereiniget, aus welcher jedem durchreisenden Buchdrucker ein Hilfsbeitrag von 12 kr. C. M., wenn er nirgend einen Platz zur Beschäftigung erhält, eingehändigt wird. Bei Todesfällen oder anderen unglücklichen Ereignissen werden nach Ermessen Unterstützungen von der Anstalt bewilliget.

Wie schade ist es, dass man nicht diesen Anlass benützte, und bei Errichtung der Anstalt auf die Gründung eines dauernden Fondes Bedacht genommen hat. Wie rühmlich hätte derselbe im Verlaufe von 40 Jahren gedeihen können, und wie viele alte und hinfällige Leute, die ihr ganzes Leben in vollster Thätigkeit der Anstalt widmeten, könnten sich jetzt eines bleibenden wohlverdienten Genusses erfreuen.

Es ist diess gewiss ein unersetzlicher Verlust! Da die Provisionsfähigkeit für die Individuen einer technischen Anstalt aus anderen wichtigen Gründen nicht leicht ausgesprochen werden kann, und dieser zum ununterbrochenen Aufschwunge und Fortschritte alle Mittel des Privatbuchdruckers zu Gebote stehen müssen, so hätte um so dringender durch eine vereinigte Fürsorge, wie diess in anderen Anstalten, z. B. in der k. k. Wiener-Porzellan-Fabrik, mit so reichlichem Erfolge geschah, dem leicht vorauszusehenden Uebelstande begegnet werden können. Die k. k. Staatsdruckerei früherer Zeit hatte bei ihrem Entstehen grösstentheils junge rüstige Leute, die nach dem Verlaufe von 40 Jahren sich zum grössten Erstaunen in namhafter Anzahl am Leben erhielten. Um so beschwerlicher trifft der Stand hinfälliger Individuen die gegenwärtige

Verwaltung an Pensionen, Provisionen und Gnadengaben, welch' letztere ausgezeichneten und thätigen Personen, selbst ohne normalmässig hierauf Anspruch zu haben, immer nach erfolgtem Antrage der gegenwärtigen Direction, verliehen wurden. Alte Arbeiter, so lange sie Dienste leisten können, werden gewöhnlich im bestimmten Wochenlohne, der ihrem früheren Verdienste gleich kömmt, bezahlt, und damit belohnt. Was nun in früherer Zeit unterblieb, soll gegenwärtig, so viel es möglich ist, wieder gut gemacht werden.

Ein Setzer, Franz Schwarz, früher in der Druckerei der hiesigen Mechitharisten-Congregation, jetzt aber in dieser k. k. Anstalt, hat im Monate August 1842 einen Verein aus Buchdruckern zur Unterstützung kranker und hilfsbedürftiger Kunstgenossen gestiftet, der kräftigen Schrittes vorwärts schreitet, sein Ziel mit reger Theilnahme verfolgt, und durch so kurze Zeit Unglaubliches in der Spendung milder Beiträge an Kranke geleistet hat.

Ein zweiter Verein soll unter dem rastlosen Streben eines Setzers der k. k. Staatsdruckerei, Anton Schweiger, zur Unterstützung von hilfsbedürftigen Buchdrucker-Witwen und Waisen gebildet werden, der sich nicht nur auf Typographen sondern auf alle übrigen verwandten Kunstgenossen der Monarchie ausdehnen soll. Schweiger veranstaltete die Ausgabe eines Kalenders für das Jahr 1846, und es ergab sich hiebei eine Ueberzählung von 200 fl. C. M., die er uneigennützig zum Stammcapital dieses Unternehmens anbietet.

Durch den Beitritt sämmtlicher Betheiligten wird auch diese schöne Institution recht bald gedeihen und einstens reiche Früchte tragen! Mögen daher alle Besitzer von Buchdruckereien und verwandten Geschäften ihr gesammtes Personale zum Beitritte einladen, wie es die Staatsdruckerei beispielweise gethan, dass Niemand sich in Zukunft verehelichen dürfe, der nicht beitragendes Mitglied dieses Vereines ist, und sich zu diesem Behufe durch den zu diesem Zwecke ausgestellten Aufnahmschein ausweiset.

So wie diese chronologische Darstellung zeigt, wie in den technischen Abtheilungen, wo sich das Arbeits-Personale von 45 Individuen auf 212 Personen emporgeschwungen, und ausserdem so viele Maschinen in Thätigkeit versetzt und ihrem ganzen Umfange nach unermüdet gearbeitet wurde und Alles sich umgestaltete, was dem heutigen Standpuncte der Kunst nicht mehr entsprach, eben so nahmen die Administrations- und Rechnungsgeschäfte ungeachtet des gleichgebliebenen Beamten-Status von vier Personen, des Directors, des Adjuncten, des Rechnungsführers - Adjuncten und des Kanzlisten immer mehr zu.

Diese bildeten bei dem Austritte des früheren Directors im Jahre 1840 im Vergleiche des jetzigen Geschäftsdranges kaum den dritten Theil, wie diess aus dem Vorstehenden von selbst erhellet. Uebrigens war das Kanzleiwesen im geregeltsten Zustande. Die buchhalterische und von der Hofstelle vorgeschriebene Verrechnungsweise hatte sich, mit Ausnahme kleiner Veränderungen, durch eine Reihe von Jahren, d. i. vom Jahre 1817 bei dem Erlass des ersten Amtsunterrichtes bis zum Jahre 1834, als bei Gelegenheit der eingezogenen Directions-Adjuncten-Stelle und mit Hinzugabe einer Schriftgiesserei-Verrechnung, einer neu creirten Rechnungsführers-Adjuncten-Stelle, eine neue Instruction ertheilt worden war, consequent aufrecht erhalten, und selbst bei dieser neuen Epoche zeigt sich in den Verrichtungen und in dem Wirkungskreise der Direction und der Rechnungskanzlei bis zum Jahre 1840 kein Unterschied, als dass die Geschäfte des Directions-Adjuncten, namentlich das Conceptwesen, auf den Director übergegangen ist, und der übrige Theil des Rechnungswesens dem zweiten Rechnungsbeamten übertragen wurde.

Noch im Jahre 1841 dauerte die frühere Verrechnung in allen Zweigen fort. Der neue Director hatte nicht nur allein, ungeachtet der thätigst begonnenen technischen Reform, die gesammte Administration der Kanzleigeschäfte, sondern auch noch die wichtigeren Conceptsstücke zu verfassen.

Der Adjunct der lithographischen Abtheilung besorgte mit Beihilfe eines Individuums das Staatsdruckerei-Papier-Dépôt, und handhabte unter seiner unmittelbaren Aufsicht das damit in gewisser Beziehung bestandene Stellenpapier sammt der Hofkammer-Requisiten-Verwaltung.

Als aber im Jahre 1842 mittels allerhöchster Entschliessung den wieder creirten Directions-Adjunctens-Posten der oberennsische Staatsbuchhaltungs-Rechnungs-Official Carl Kaltenbrunner erhielt, wurde Albert Richard für die Besorgung der Hofkammer-Requisiten bestimmt, daher von den Geschäften der Staatsdruckerei, der Lithographie und des gesammten Papier-Dépôts enthoben, und hierauf wieder in seine frühere Dienst-Kategorie als Hofkammer-Kanzlist eingereiht.

Die Directions-Geschäfte wurden nun bezüglich des Rechnungs-Revisions- und Conceptwesens sammt der Cassegebarung dem Directions-Adjuncten übertragen, welch letztere vorher dem Rechnungsführers-Adjuncten mit allen hiermit verbundenen Nebenverrichtungen und der Journalsführung oblag.

In der Rechnungskanzlei vereinigt sich die Wirksamkeit der gesammten Anstalt in buchhalterischer Ordnung, das Wesentlichste hievon ist das Cassegeschäft, welches sich mit seiner vollen Richtigkeit auf die vorhergegangenen Berechnungen stützt, die um so schwieriger sind, als sie sich nicht nur auf Fertigkeit im Rechnungswesen gründen, sondern eine besondere Kenntniss in sämmtlich technischen Fächern erheischen und voraussetzen.

Die Masse der Rechnungsgeschäfte gewähren den deutlichsten

Ueberblick, wenn man sie in zwei Hauptabschnitte, in die Einnahme und Ausgabe theilt, dann diejenigen Abtheilungen der Anstalt durchgeht, welche als Hilfszweige dienen.

Die Einnahmen entspringen aus den für die Behörden zu druckenden Gegenständen oder aus dem Verschleisse der hierortigen Verlagsartikel, während die Schriftschneiderei, Schriftgiesserei, Stereotypie, Galvanoplastik und Lithographie bloss Ausgabs-Rubriken bilden.

Die Papiere und Buchbinderarbeiten werden den Behörden um die von den Contrahenten angesetzten Preise geliefert.

Die Einnahmen zertheilen sich auf 13 Rubriken oder Contobücher, und zwar:
1. Casserest,
2. Druckgebühr,
3. Mutationspresse-Arbeiten,
4. Papier,
5. Satz,
6. Verlagsartikel,
7. Buchbinder-Arbeiten,
8. Glätten,
9. Verschiedene,
10. Ersätze,
11. Empfang an fremden Geldern,
12. Zurückempfangene Vorschüsse,
13. Dotation.

Da ein jeder Gegenstand, der zur Drucklegung von einer k. k. Stelle einlangt, in den hierortigen Büchern eingetragen werden muss, so wird derselbe auf die der betreffenden Stelle gewidmete Blattseite in chronologischer Ordnung, mit der Benennung der Drucksorte, des Papierformates, der Quantität in Stücken, Riess, Buch, Bogen sammt den bezüglichen Angaben, der Qualität des Papieres, des etwaigen Glättens, der wirklichen Satz- und Druckkosten, der Buchbinderarbeit, des Beschneidens, Falzens oder Einbandes vorgemerkt.

Wenn die betreffende Grösse und Qualität des Papiers, dessen Gattungen wieder auf mehr als 30 Sorten sich belaufen, ausgemittelt ist, wird die Quantität der Druckauflage nach dem Satze berechnet, und der Papier-Bestellungsschein an das Dépôt für den Werkfactor ausgefertigt, welcher sammt den eingelangten Druckmustern an den expedirenden Werkfactor zur Einleitung des Satzes und Druckes übergeben wird. Nach der technischen Ausführung und geschehenen Ablieferung läuft der von der Behörde unterschriebene Lieferschein in die Hände des Kanzlisten zur Eintragung des Ablieferungstermines mit der Ausfüllung aller Bezug nehmenden Rubriken und nöthigen Berufung auf die betreffenden Contobücher, wo der Drucklohn, das Papier, der Satz, die Buchbinderarbeit, das Glätten vorgetragen erscheint.

Die Zahl der Bestellungen beläuft sich in einem Quartale ohne Credits-Arbeiten und Verschleiss-Drucksorten auf beinahe 1.000 Nummern.

An diese Verbuchung knüpft sich erst der weitere Verrechnungsgang.

Es wird, nachdem die Vormerkung und Löschung der Drucksorten geschehen ist, nach Verlauf eines jeden Quartals (mit Ausnahme der oft stündlich abzugebenden Kostenrechnungen) die Zusammenstellung der Druckkosten von mehr als 80 Behörden verfasst, deren Anzahl sich noch erhöhet, wenn man die untergeordneten Abtheilungen, wie es bei der Cameral-Gefällen-Verwaltung der Fall ist, das Oeconomat, die Verzehrungssteuer, Wegmauth, Gefällsstrafen, das Commerz- und Stämpelwesen, die Cameral-Regie, Finanzwache, Zoll-Manipulation etc. etc., bei der obersten Hofpost-Verwaltung die gedachte Stelle selbst, dann das Cours-Bureau, die Zeitungs-Expedition, das Oeconomat etc. hinzurechnet, wobei viele Conten mehrere Bögen einnehmen, und jede einzelne Bestellung nach Stücken oder Riess, Buch, Bogen in Bruchtheilen berechnet wird.

Nach der Abgabe sämmtlicher Druckkosten-Rechnungen geschieht nach einiger Zeit die Zahlungs-Anweisung. Dieselbe wird im Geld-Journale mit Berufung auf jedes einzelne Contobuch in Empfang genommen, und in den betreffenden Contobüchern abgeschrieben, und diess bildet am Ende des Verwaltungsjahres die zu verfassende jährliche Uebersicht sämmtlicher Druckkosten-Einnahmen.

Ebenso geschieht bezüglich der Einnahmen die Abrechnung des Verschleisses. Der Verschleiss erhält seine Verlagsartikel aus der typographischen Abtheilung durch die bestehenden Gesetzbücher oder durch die für die Behörden aufzulegenden Drucksorten, wobei ein angemessener Theil instructionsmässig mitgedruckt wird. Im letzteren Falle kömmt der Satz als unentgeltlich zu benützen, und geht der hierortigen Anstalt zu Guten, wodurch wieder andere kostspielige Arbeiten ihren Ersatz finden.

Das Papier wird so wie für die Behörden aus dem Staatsdruckerei-Dépôt behoben, und sammt dem Drucklohne und den sonstigen Kosten auf den Verschleiss berechnet.

Jeder Verschleissartikel hat sein eigenes Folium, deren Anzahl sich nun auf 687 beläuft. Die Druckauflage desselben wird von der Druckerei durch die Rechnungskanzlei mittels Lieferscheines an den Verschleiss geliefert, daselbst in dem Vormerkbuche in Empfang genommen, im Verschleiss-Locale die nöthige Quantität für den Verkauf zurückbehalten, und der übrige Theil in's Hauptmagazin unter doppelte Sperre gegeben.

Gleichzeitig mit der Verbuchung des Verschleiss-Factors geschieht auch dieselbe von Seite des Rechnungsbeamten als Controle unter Aufsicht der Direction.

Jeden Augenblick, sobald die Einnahme im Verschleisse 100 fl. C. M. erreicht, hat der Verschleiss-Factor seinen Geldvorrath an die hierortige Casse abzuführen, wornach die Abschreibung des erlegten Betrages im Contobuche geschieht. Der Verkauf der benannten Verlagsartikel weiset die Einnahme und den überbleibenden Vorrath aus, und so ergibt sich das Erträgniss nach Abschlag der hierauf verwendeten

Satz-, Druck-, Papier-, Buchbinder- und sonstigen Kosten, wornach am Ende des Jahres die ganze Gebarung in einem Uebersichtsausweise, bis in die kleinste Zergliederung berechnet, dargestellt, und die Haupt-Inventur vorgenommen wird.

Die Ausgaben zertheilen sich auf 25 Contobücher, und zwar:

1. Besoldungen,
2. Pensionen und Provisionen,
3. Quartiergelder,
4. Quartiergelder-Beiträge,
5. Deputate,
6. Livrée-Auslagen,
7. Remunerationen und Aushilfen,
8. Redactions- und Correcturs-Gebühren,
9. Kanzlei-Erfordernisse,
10. Löhnungen,
11. Erkaufte Requisiten,
12. Druckerei-Erfordernisse,
13. Schriftgiesserei - Erfordernisse,
14. Beleuchtung,
15. Beheizung,
16. Erkaufte Papiere,
17. Buchbinderarbeiten,
18. Kupfer- und Steindruckerarbeiten,
19. Hauszins,
20. Ueberschuss-Gelder-Abfuhr,
21. Verschiedene,
22. Zurückbezahlte fremde Gelder,
23. Vorschüsse,
24. Galvanoplastik,
25. Rechnungsausgleichung;

wovon die Besoldungen, Papiere, Provisionen, Gnadengaben, die lithographischen Arbeiter und das Pauschale monatlich, die Deputate, Quartiergelder, der Hauszins halbjährig, die Löhnungen bei der typographischen Abtheilung und Schriftgiesserei wochentlich, und die übrigen Auslagen stündlich zu bestreiten kommen.

Die periodischen Zahlungen verursachen im ununterbrochenen Geschäftsgange bezüglich der Liquidirung, Verbuchung und Zahlungsleistung nur an gewissen Tagen einen vorübergehenden Andrang.

Die Löhnungen der Unterfactoren, Setzer, Drucker, Schriftgiesser und des Glättpersonales werden jeden Samstag ausbezahlt. Am Vortage berechnen die Factoren die Leistungen der unterstehenden Arbeiter, und verfassen die Zahlungsliste, welche am folgenden Tage von den beiden Rechnungsbeamten geprüft und liquidirt wird.

Diese Revision der Setzer-, Drukker- und Schriftgiesser-Löhnungen veranlasst eine genaue Prüfung sämmtlicher Leistungen bis in die innerste Zergliederung, so dass für jeden Bogen- oder Seiten-Satz der Setzer nach der Grösse der Lettern und des Formates, für jedes Tausend gedruckter Bogen der Drucker nach der verschiedenen Grösse des Papiers, für den Letternguss nach Centnern, Pfund und Loth der Schriftgiesser, Abbrecher, Schleifer, Aufsetzer und Fertigmacher nach einem eigenen technischen Tarife bezahlt wird; welcher Betrag in den den Arbeitern eigenen Bücheln eingeschrieben, im Leistungsbuche der technischen Abtheilungen zergliedert vorgemerkt, und von den Rechnungsbeamten controllirend mit denselben genau überwacht wird. So gross die Mühe dieser Nachprüfung ist, so kömmt diese Mühewaltung mit der Wichtigkeit der Rechnungsrichtigkeit der Löhnungen von mehr als jährlichen 30,000 fl., die in kleinen Beträgen verrechnet werden, gar nicht in Vergleich zu setzen, wodurch bewerkstelliget wird, dass die Anstalt in ihren Erzeugnissen bis auf die kleinsten Beträge den Werth ihrer eigenen Leistungen mit den Kosten einer Privatdruckerei erheben kann; während, wie es im entgegengesetzten Vorgange bei der lithographischen Abtheilung der Fall ist, wo die Behörden bisher keine Vergütung leisten, und das Arbeitspersonale daher im gewissen Wochenlohne steht, keine Repartition der Kosten weder nach Behörden noch nach Druckbestellungen stattfinden kann.

Die übrigen Bedürfnisse der ganzen Anstalt werden durch schriftliche Anweisungen beigeschafft, und von dem ersten Rechnungsbeamten ausgefertigt, der, wenn sie technischer Natur sind, die Mitfertigung des betreffenden Factors fordert, und dem Director, welcher bezüglich der Nothwendigkeit die Beischaffung beurtheilt und im bejahenden Falle vidirt.

Nach der Einlieferung des Gegenstandes und richtigen Abwage oder Beurtheilung kömmt der Zahlungs-Conto zur Liquidirung an die Rechnungskanzlei, wornach derselbe behufs der Auszahlung in das betreffende Contobuch eingetragen wird.

Sämmtliche abgeschlossene Contobücher mit den vielen nöthigen Berufungen werden am Ende des Jahres in Abschrift der k. k. Cameral-Hauptbuchhaltung nach zurückbehaltenem Originale übergeben.

Nebst den verschiedensten Rechnungsgegenständen sind die Kanzlei-Individuen mit den Einreichungs-Protokolls-, Expedits- und Registraturs-Angelegenheiten, mit der Führung des Normalienbuches, des Geschäftsprotokolls und des Scontro, sammt den übrigen darauf Bezug nehmenden Verrichtungen beschäftiget. Es liegt denselben die genaue Aufschreibung des wandelbaren Personalstandes so vieler Abtheilungen, die Aufbewahrung und Ausfertigung der Austritts- und sonstigen Zeugnisse ob.

An die Verrechnung der Druckerei und Setzerei knüpft sich jene der Schriftschneiderei, Schriftgiesserei, Stereotypie und Galvanoplastik, der Lithographie, des Verschleisses, und der sämmtlichen Papier-Dépôts.

Die Schriftgiesserei und Stereotypie erhält zur Verfertigung der nöthigen Lettern, Linien, Platten und anderen Utensilien das Materiale aus dem hierortigen Magazine, welches durch zeitweilige Einlieferung damit versehen wird, oder aus den in der Druckerei unbrauchbar gewordenen alten Lettern, über welchen zweifachen Vorgang zwei Verrechnungen geführt werden.

Die erste macht ersichtlich, was an Blei und Regulus beigeschafft, und was bei der ganzjährigen Schmelzung aus dem zeitweiligen abgefallenen Grätze oder Kehrichte gewonnen wurde.

Die zweite zeigt den aus dem Magazine oder der Druckerei für die Schriftgiesserei abgegebenen Zeug, und weiset, belegt mit den nöthigen Protokollen und übrigen Beilagen, 87 Empfangs- und 92 Abgabsposten aus.

Eine jede solche Post zeigt jedoch schon die Zusammenstellung einer grösseren Leistung sämmtlicher Schriftgiesser, und zerfällt in 937 individuelle Vertheilungen, deren wöchentliches Erzeugniss besonders bei Nachgüssen (sogenannten Defecten) sich auf eine wenigstens fünf Mal höhere Anzahl, d. i. auf beinahe 5.000 Posten von Abgaben und Empfängen, sich steigert, welche wieder in Pfund, Loth und Bruchtheile zerfallen.

Die gesammte wöchentliche Ablieferung theilt sich nun entweder in solche Arbeiten, welche zum Vortheile der Anstalt im gewissen Wochenlohne oder besser im Berechnen nach Stücken verfertigt werden.

Auf letztere werden Vorschüsse gegeben, und wöchentlich die nach einem genau technisch eingerichteten Tarife in mehr als hundert verschiedenen Sorten gelieferten Güsse in Pfund, Loth und Bruchtheilen nach dem wirklichen Verdienste in Gulden und Kreuzer berechnet, und die hierauf erhaltenen Vorschüsse unter der Berufung der betreffenden Journals-Artikel abgezogen, wieder in Empfang genommen, und im betreffenden Contobuche und Verlagscasse-Journale vorgeschrieben.

Obschon diese Berechnung äusserst zeitraubend ist, und die Ausfertigung von drei verschiedenen wöchentlichen Zahlungslisten, nämlich: für Vorschüsse, wirkliche Leistung und gewisse Wochenlöhnung nach sich zieht, so ist diese Einrichtung, welche durch hohe Genehmigung im Jahre 1841 Platz griff, für die Leistungsfähigkeit dieser Anstalt eine äusserst wichtige und günstige.

Das Papier-Dépôt in den zwei Abtheilungen, d. i. für k. k. Stellen und die Staatsdruckerei, bildet einen bedeutenden Theil der Verrechnung der hierortigen Rechnungsbeamten.

Das beiläufige Papier-Erforderniss wird aus den Beobachtungen des abgelaufenen Verwaltungs-Jahres wahrgenommen, und die dadurch gewonnene Zusammenstellung eines ganzen Jahres begründet die gewöhnlich alljährige Ausschreibung des Bedarfes für ein künftiges Jahr.

Mit 1. November beginnen nach erfolgter hoher Genehmigung der commissionell getroffenen Papierwahl und abgeschlossenen Contracte mit sämmtlichen Fabrikanten die Einlieferungen, über welch' letztere der Dépôt-Factor ein Empfangs-Journal und ein Ausgabs-Journal der einzelnen Abgaben an die k. k. Behörden führt, welches von den Rechnungs-Beamten unter Vergleichung der Liefer- und Gegenscheine nachgerechnet und geprüft wird. Nach gepflogener Abschrift dieser beiden Journale geht das Original monatlich zur Censur an die Cameral-Hauptbuchhaltung. Bei dem Staatsdruckerei-Papiere ist derselbe Vorgang, mit dem einzigen Unterschiede, dass da nicht wie im Stellen-Dépôt riessweise, sondern wegen der buch- und bogenweisen Bestellungen und des erforderlichen Zuschusses meistens in Bruchtheilen abgefasst und berechnet wird. Da für jeden einzelnen Druckgegenstand auch getrennt das Papier gefasst werden muss, so entsteht gleich den typographischen Bestellungen auch im Papier-Dépôt eine Anzahl von jährlichen 4 bis 5000 Nummern, die sich in ebenso viele Ausgabs- von Seite des Dépôt, und Empfangs-Posten von Seite der Druckerei ordnen, welche die Rechnungsbeamten nachzurechnen und allfällige Anstände zu berichtigen haben.

Hierauf geschieht die Vorschreibung der gelieferten Papier-Quantitäten im Contobuche; dann werden die Conten der Lieferanten eingehändigt, genau nachgerechnet und mittels Bericht zur Zahlungsanweisung überreicht.

Nach geschehener Zahlungsleistung werden im betreffenden Contobuche die fraglichen Beträge abgeschrieben, woraus am Ende des Jahres die Total-Uebersicht aller bis ins Innerste stattgehabten Lieferungen und Auszahlungen von mehr als 90,000 fl. C. M. ersichtlich werden.

Die lithographische Abtheilung, welche früher abgesondert als k. k. Hofkammer-Lithographie bestand, wurde im Jahre 1841 definitiv mit der Staatsdruckerei vereinigt, wodurch man nicht nur im Leitungs-, sondern auch im Rechnungswesen der hierortigen Anstalt um so mehr eine bedeutende Arbeitsvermehrung erhielt, als bei der gesteigerten Leistungsfähigkeit, das ist bei dem Zuwachse der Hof-Postverwaltung, des Hofkriegsrathes, der Hofkanzlei und untergeordneten Aemter etc. die beiden Factoren entbehrlich gemacht, und ein Factor allein, mit Absonderung der Rechnungsgeschäfte, die auf die Rechnungsbeamten übergingen, zur Leitung dieses Zweiges bestimmt wurde.

Im Jahre 1843 wurden durch die Censurbehörde mehre Veränderungen in der Buchführung vorgeschlagen und von der Hofstelle zur Beobachtung vorgezeichnet, welche namentlich auf die Journalführung im Papier-Dépôt und im Verschleisse Bezug nehmen. Eine wesentliche Veränderung erlitt das Cassewesen.

Mit dem Verwaltungs-Jahre 1846 hatte die früher beschlossene Aufhebung der Vergütung für Druckarbeiten von Seite der Behörden, welche vom Beginne der Anstalt seit 1804 bestand, Platz zu greifen. Die Anstalt hatte ihre Leistungen von diesem Termine an nur mehr ziffermässig zu verrechnen, und erhält zur Bestreitung ihrer Auslagen vierteljährig zu präliminirende Dotationen, welche am Ende des Jahres von der Activforderung abzuschlagen kommen, und der Ueberschuss der Anstalt zu Guten geschrieben wird.

Eine Ausnahme von den Behörden, welche keine bare Vergütung leisten, machen diejenigen Aemter, welche nicht aus dem Cameral-Fonde ihre Geldverläge erhalten.

Gelehrte und Privat-Anstalten, denen durch das Finanz-Ministerium die Bewilligung zur Drucklegung in der k. k. Staatsdruckerei ertheilt wird, leisten bar die Ueberschlags- oder tarifmässige Vergütung, und diese wird sammt den Einnahmen des Verschleisses an die Provinzial-Einnahmskasse abgeführt.

Der Rechnungskanzlei wurde jedoch dadurch keine Erleichterung zu Theil, weil die bisherige Verrechnung und die Fortführung aller Contobücher unverrückt beibehalten werden muss; im Gegentheil ward durch die zweifache Behandlung der zu bezahlenden und nicht zu vergütenden Druckkosten eine verschiedene Gebarung veranlasst, was der Aufrechthaltung des allgemeinen Dotations-Grundprincips zu Guten geschrieben werden mag.

Im J. 1849 wurde nach gewonnener Erfahrung wieder das frühere Verfahren der vollen Vergütung eingeführt.

Der Stand des Personals in allen Abtheilungen beläuft sich dermalen auf 214 Individuen, von denen ausser den Beamten nur die Oberfactoren, dann die von der k. k. Lottoamts-Druckerei übernommenen Amtsdrukker stabil angestellt sind.

Die Oberleitung der Anstalt ist in den Händen des k. k. Directors, welchem der k. k. Directions-Adjunct beigegeben, und ausser diesen noch zwei Beamte für die Besorgung der Rechnungs- und Buchgeschäfte der Anstalt bis zum 18. Februar 1846 zugewiesen waren.

Mit dem Hofdecrete vom 13. Februar 1846 aber besetzte die allgemeine Hofkammer, die seit dem Jahre 1835 durch den Tod des Traugott Schmid leer gewordene Verschleiss-Factors-Stelle, sowie den durch den Austritt des Heinrich Schmid erledigten Rechnungsführers-Posten, und ordnete gleichzeitig eine stufenweise Vorrückung in die Rechnungsführers-Adjuncten- und Kanzlisten-Stelle an.

Schluss.

Alle diese Angaben, die hier vorausgingen, beziehen sich auf den Bestand der Anstalt vor dem Jahre 1846.

In weit rascherer Entwicklung aber schritt die Staatsdruckerei seit dem Jahre 1845 und 1846 vorwärts.

Täglich häuften sich die ämtlichen Bestellungen und somit ihre Arbeiter-Anzahl, die auf 900 Individuen stieg! Eben so reihten sich Privat-Gesuche an, die Anstalt benützen zu dürfen.

Der Corrector der kais. Akademie der bildenden Künste, welcher bereits die ersten Versuche im Farbendrucke in der Rauh'schen lithographischen Anstalt zur weiteren Herausgabe seines Werkes: Paradisus Vindobonensis, welches bis dahin mit freier Hand colorirt worden war, gemacht hatte, bat das Präsidium der Hofkammer um die Bewilligung der Drucklegung in der Staatsdruckerei, wovon bereits auf diese Weise 16 Blumen im schönsten Farbenschmelze erschienen.

Im September 1845 besuchte der Director dieses Institutes die Orientalisten-Versammlung in Darmstadt, um denselben die Typenschätze der Wiener Staatsdruckerei vorzuweisen, und hielt hierüber einen Vortrag in Gegenwart aller hierbei Versammelten über den Typenschnitt auf dem ganzen Erdkreise. Nach fünf Jahren nämlich im Jahre 1850 suchte der Verein die Drucklegung aller seiner orientalischen Werke in der Staatsdruckerei nach, welchem Einschreiten sogleich Folge gegeben wurde. Bereits sind mehrere Werke für das Ausland im Drucke.

Später wuchs die Akademie der Wissenschaft zu, und fand diese Staats - Anstalt nach allen Richtungen sowohl der Typographie als den übrigen Kunstzweigen mit den längst vorbereiteten Mitteln zur Vervielfältigung ihrer Werke aus allen Fächern versehen.

Die Denkschriften der Wiener Akademie, die Sitzungsberichte, das Archiv, die Fontes, die Hautkrankheiten von den Doctoren Elfinger und Hebra, liefern hierüber die Beweise.

Der Raum wurde jeden Tag beschränkter, und es musste daher die noch im 2. Stocke befindliche Tilgungs - Fonds - Hauptcasse so wie später der Lottoziehungs-Saal, im 1. Stocke an die Directions-Kanzlei anstossend, der Staatsdruckerei eingeräumt werden, welch letzterer einige Zeit zur Credits-Abtheilung, später zu einer vereinigten technischen Abtheilung aller graphischen Kunstfächer, schlüsslich aber zur Erweiterung der Kanzlei benützt wurde.

Durch den Zuwachs so bedeutender Bestellungen musste sogar die Dampfmaschine von 3 Pferdekraft durch eine von 8 Pferden, die in den 1. Stock oberhalb des Mittelbrunnens versetzt, und als auch diese nicht mehr ausreichte, eine solche von 16 Pferdekraft aufgestellt werden, welche während des ununterbrochenen Ganges der 8 pferdekräftigen ebenerdig unter dieselbe gebaut, und dann in Bewegung gesetzt wurde. Zu diesem Behufe musste ein unterirdisch Geschoss einen Stock tief ausgegraben und überwölbt werden, während oberhalb die bewegende Kraft forttobte.

Mehrmalige Umräumungen mussten daher stattfinden, um den Zweigen einerseits mehr Raum anzuweisen, andererseits aber die systematisch-technisch eingreifende Ordnung nicht zu beirren.

Die Schriftgiesserei, die bisher im 2. Stocke gegen die Seilerstätte untergebracht war, kam in das ebenerdige Locale, wo früher die kleine Dampfmaschine und der Dampfkessel sammt der Wasserleitungs-Maschine stand, später aber als 8 Giessmaschinen und 10 Handöfen nöthig wurden, in den neugebauten 4. Stock des Mitteltraktes. — Das leer gewordene Zimmer wurde den beiden Oberfaktors - Stellvertretern eingeräumt, die aber später in den 1. Stock des Singerstrassen-Traktes an die Seite der Kanzlei-Localitäten übersiedelten.

Die Galvanoplastik, welche im 1. Stocke des linken Seilerstättegebäudes sich befand, kam in den 2. Stock gegenüber vom Factoren-Zimmer, später in den 1. Stock des rechten Seilerstätte-Traktes, von da in den 3. Stock des linken Traktes, dann in den 5. Stock des Mitteltraktes und zuletzt in den 5. Stock des neuen Kreditsgebäudes, welches sammt dem neuen Schnellpressen-Glas-Saale im grossen Hofe und dem dreistöckigen Aufbaue in der Mitte, sowie der Erhöhung der beiden Seilerstätt-Trakte im Verlaufe der Jahre 1849 und 1850 aufgeführt wurde.

So mussten die Schnellpressen aus dem rechten Seilerstätt-Trakte in das Mittelgebäude des 1. Stockes wandern und dann nach ebener Erde transportirt werden, wo jetzt in drei Sälen, und zwar unter dem Glasdache 20 Schnellpressen, unter der ehemaligen Einfahrt 8, und unter dem Gebäude für Kredits-Arbeiten 12 Schnelldruckmaschinen, ohne die 6 Schnellpressen im 2. Stock des Kredits-Saales (zusammen 46 theils einfache, doppelte und vierfache) beschäftigt sind.

Die Buchbinderei, welche eine Zeitlang im linken Seilerstätt-Trakte im ersten Stocke sich befand, musste erweitert, somit in den 1. Stock in den grossen Saal des Mittelgebäudes, und später als auch dieser Raum nicht mehr ausreichte, in den neu aufgeführten rechten Flügel der Seilerstätte in den 2., 3. und 4. Stock und die Drucksorten-Dépôts in die nebenanstossenden Küchen des 2. und 3. Stockes verlegt werden.

Dadurch konnte man die 20 Handpressen des 2. Stockes in den 1. Stock des Mitteltraktes übersetzen und sie in nähere Anreihung mit den Schnellpressen bringen, dagegen die Setzer des mittlerweile zugewachsenen riesenhaften Reichs-Gesetz-Blattes in 10 Sprachen aus dem 1. Stocke in den leer gewordenen Saal geben, damit sie mit den beiden andern Setzer-Abtheilungen die Fortsetzung bilden.

Die fremdsprachliche Setzerabtheilung kam in den neugebauten Saal des Mitteltraktes unterhalb der neueingerichteten Schriftgiesserei. Nebenan in den linken Trakt der Seilerstätte kamen die Lettern-Vorräthe. Oberhalb die mechanische Abtheilung, die Chemitypie, die Xylographie, das Material-Dépôt, das Inspectionszimmer und die Garderobe. Gegenüber das Expedit des Reichs-Gesetz-Blattes, und in den 1. Stock das allgemeine Drucksorten-Expedit, welches unter der Buchbinderei befindlich mit derselben zusammenstösst.

Zwischen dem Mitteltrakt der Buchbinderei und dem Expedit befindet sich die Trockenhalle oberhalb des Dampfkessels, und neben dem Rauchfang desselben, 4 Stock hoch, wo die Millionen gedruckter Bogen getrocknet und daselbst in der hydraulischen Presse oder der daselbst stehenden Cylindrirmaschine geglättet und geglänzt werden. Von da gelangt man in den 5 Stock hohen Credits - Trakt, in die Kupferdrukkerei, in die Lithographie und den Schnellpressensaal, zu den Handpressen, dann zur Stämpelung, Revision und endlich in die Galvanoplastik und Credits-Stereotypie.

Wie in den ersten Jahren der Umstaltung, von 1841 bis 1846 jede einzelne Veränderung, jede ökonomische Massregel aufgezählt wurde, so massenhaft wuchs die Reform von diesem Zeitpuncte an, welche der Herr Finanz-Minister Freiherr Philipp v. Krauss mit besonderer Munificenz unterstützte. Personale, Maschinenwesen, Leistung, Einnahmen und Ausgaben, die Räumlichkeiten und Bauten steigerten sich auf das Fünf- ja später auf das Zehnfache, so dass die Feder des Historiographen dem Riesen-Fortschritte im Einzelnen nicht mehr zu folgen vermag. Eine theilweise natürliche Folge des sturmbewegten Jahres 1848, welches wohl keine Anstalt so empfunden haben dürfte, denn Tag und Nacht brausste die Dampfmaschine, und lieferte Millionen von Abdrücken nach den Anordnungen der damaligen Machthaber — die bereits vom Schauplatze verschwunden sind. — So stürmisch die Anforderungen, eben so gewaltig drängten die Feinde heran, das Institut in seinen Grundfesten zu erschüttern. Weissagungen von Aufhebung und unzählige andere Absichten tauchten auf, die aber in ihr Nichts zerfielen! Wie ein Phönix erhob sich das Institut zehnmal grösser, und steht jetzt als die erste Anstalt mit allen graphischen Kunstzweigen umgeben, an der Spitze ähnlicher Institute von Europa!

Bei der Welt-Ausstellung in London 1851 vertritt es, wo fast alle typographischen Anstalten Oesterreichs vermisst werden, alle graphischen Kunstfächer, die seit Gutenberg das Licht der Welt erblickten. Was spielte die österreichische Typographie für eine Rolle, bestände diese Anstalt nicht mehr, oder befände sie sich noch im gleichen Zustande vom Jahre 1840?!

Um sie im Innern näher würdigen zu können, folgt hier als 2. Theil der geschichtlichen Entwicklung die ausführlichere Beschreibung derselben mit allen statistischen Angaben, Plänen und den Abbildungen der Maschinen etc. etc.

Folgende Tabelle stellt den Stand der Hof- und Staatsdruckerei von 1841, 1845 und 1850 im Vergleiche der Vorzeit in einer statistischen Uebersicht dar:

Stand der k. k. Hof- und Staatsdruckerei
bezüglich ihres Personales und der Arbeitsleistungen, im Vergleiche der Jahre 1841, 1845 und 1850.

Nr.	Fächer	Charakter und Gegenstand	1841	1845	1850
			Individ.	Individ.	Individ.
1	Direction u. Rechnungskanzlei:	Director, Directions-Adj., Rechnungsführer, Rechnungsführers-Adjunct und Kanzlist	4	4	5
		Oberfactoren	2	2	2
		Schreiber	—	—	2
2	Schriftschneiderei u. Galvanoplastik:	Factor	—	1	1
		Gehilfen	—	2	20
3	Schriftgiesserei u. Stereotypie:	Factor	1	1	1
		Giesser, Zöglinge, Abbrecher und Schleifer	9	30	77
4	Buchdruckerei:	Factoren und Correctoren	6	7	14
		Aufseher bei den Lettervorräthen und im Materialienlager	—	—	2
		Setzer, Drucker und Maschinenmeister	51	93	240
		Ein- und Ausleger, sammt Personale für Papierfeuchten, Walzenguss etc.	8	51	159
5	Steindruckerei:	Factoren und Zeichner	1	1	20
		Drucker und Aufleger	20	20	89
6	Kupferdruckerei:	Factoren	—	—	2
		Drucker	—	—	56
7	Xylograph., Gravir. u. Guillochirung:	Factor	—	—	1
		Gehilfen	—	—	8
8	Chemitypie:	Factor und Gehilfe	—	—	2
9	Photographie:	Factoren und Gehilfen	—	—	7
10	Glättung, Expedit u. Trockenhalle:	Factoren	1	1	2
		Gehilfen	6	16	31
11	Reichsgesetz-Exp.:	Expeditor und Gehilfen	—	—	19
12	Buchbinderei:	Geschäftsleiter und Gehilfen	—	20	61
13	Verschleiss u. Papierlager:	Factor	1	1	1
		Gehilfen	1	2	13
14	Mechanik:	Geschäftsleiter und Gehilfen	—	—	6
15	Tischlerei:	Geschäftsleiter und Gehilfen	—	—	12
		Hausdiener in den verschied. Abtheilungen	4	8	15
	Gesammtsumme des stabilen und nicht stabilen Personales		**115**	**260**	**868**

	Im Jahre		
	1841	1845	1850
Jährl. Geldverrechnung in Einnahme u. Ausgabe	158.342 fl.	453.005 fl.	2,200.000 fl.
Einnahme im Drucksorten-Verschleiss	—	23.716 fl.	41.854 ,,
Geldwerth d. Lagers im Drucksorten-Verschl.	—	106.696 fl.	162.650 ,,
Vorrath an Lettern	673 Centner	1.214 Cent.	3.000 Cent.
„ „ Schriftstämpeln und Matrizen	8.800 St.	22.000 St.	62.000 St.
Zahl der eisernen und hölzernen Handpressen	20 hölz. 3 eis.	20 eis. 3 hlz.	50 eiserne
„ „ Schnelldruckpressen	2	5	40
„ „ Kupferdruck- und Satinirpressen	—	—	24
„ „ Stampiglir- und Nummerirmaschinen	4 Stampigl.	5 Stampigl.	8 Stp. 9 Nm.
„ „ Steindruckpressen	10	12	30
„ „ Guillochir- und Relief-Maschinen	—	1	3
„ „ galvanischen Apparate	—	5 Apparate	60 Apparate
Hydraulische Glättpresse	—	1	1
Setz- und Ablegmaschine	—	1	2
Arbeitsleistungen der Druckerei	8.000 Riess	23.950 Riess	200.000 Rs.
Inventarial-Werth der Werksvorrichtungen	54.016 fl.	81.270 fl.	235.300 fl.
„ Bauten	—	—	200.000 fl.

NB. Die mit — bezeichneten Rubriken bedeuten, dass das Fach in dem oben angeführten Zeitraume noch nicht betrieben oder der Gegenstand nicht vorhanden war.

BESCHREIBUNG

DER

K. K. HOF- UND STAATS-DRUCKEREI IN WIEN

BIS ZUM MAERZ 1851.

VON EINEM MITGLIEDE DER ANSTALT.

EINLEITUNG.

Die k. k. Hof- und Staatsdruckerei in Wien wurde während der Regierung Sr. Majestät des Kaisers Franz I. im Jahre 1804 versuchsweise unter der Leitung des Buchhändlers Vinzenz Degen gegründet, und im Jahre 1814 bestätiget, um dem Staate die erforderlichen Druckarbeiten wohlfeiler, als es durch die damaligen Hofbuchdrucker geschah, zu verschaffen.

Diese Anstalt brachte dem Staate bedeutende Ersparungen und entwickelte unter Degen's Verwaltung eine besondere Thätigkeit, daher der Bestand derselben für die Staatsverwaltung ein höchst günstiger und ein desto sicherer für sich selbst sein musste. Nach allen Richtungen des Reiches machte sie sich als Masstab der Druckvergütung fühlbar, und bildete so die geregelte Gränze gegen überspannte Anforderungen; ebenso verdienstlich hat sie sich bei allen Kriegs-Ereignissen, so wie in der damals noch getrennten Gelddruckerei als wirksam bewährt.

Nach der Leitung Degen's, der in Folge seiner Verdienste in den Ritterstand mit dem Beinamen von Elsenau erhoben, dann zum Regierungsrathe ernannt worden war, und am 5. Juni 1827 starb, verlor sie aber im Drange der Geschäfte eine eben so wichtige Aufgabe aus dem Auge, nämlich: das Aufstreben zu höheren Kunstleistungen, wie diese in einer solchen Anstalt hätten hervorgerufen werden können. Man besorgte den Druckbedarf der Behörden so weit die technischen Mittel reichten, und musste jährlich die erübrigten Einnahmen an die Staatcasse abführen. Von Jahr zu Jahr nahm die Abnützung der Werksvorrichtungen zu, wofür kein Ersatz geleistet wurde, und so näherte sich diese Anstalt ihrem Verfalle. Mehre Behörden liessen endlich in anderen Druckereien ihre Druckgegenstände besorgen, die Abnahme an Beschäftigung griff täglich mehr um sich, und so war mit der im Jahre 1839 höheren Orts verfügten Trennung des Verschleisses und des Papierlagers der Keim zu ihrer Verkleinerung gelegt, indem man derselben kümmerlich die Bestimmung eines Hilfsamtes für das Expedit der Finanz-Hofstelle mit einem verringerten Personale einräumte. Im Jahre 1840 wurde der Nachfolger Degen's, der kaiserliche Rath und Director Anton von Wohlfarth in den Ruhestand versetzt.

Um dieselbe Zeit lag zufällig ein Entwurf des Lehrers der italienischen Sprache an der philosophischen Facultät und an der ständischen Lehranstalt zu Linz, Alois Auer, der früher die Buchdruckerkunst in seiner Vaterstadt Wels in Oberösterreich erlernte und dieselbe durch eilf Jahre pflegte, zur Gründung einer typographischen Anstalt in Wien bei den Hofstellen in Verhandlung. Die darin ausgesprochenen Ansichten fanden bei den obersten Staatsmännern eine solche Würdigung, dass Se. Majestät der Kaiser Ferdinand I. den oben Genannten mit der Direction dieser Staatsanstalt betraute.

Am 22. März 1841 übernahm der am 24. Januar neu ernannte Director die Leitung. Ein mehrjähriger Kampf mit Tausenden von Hindernissen und Gegenansichten war eine natürliche Folge, und der mühevolle aber rasche Aufschwung dieser seit Degen's Tod herabgekommenen Anstalt bezeichnet daher die Anstrengungen des neuen Leiters. Die Umstaltung des Letternwesens nach seinem typometrischen Höhen- und Breiten-Raum-Systeme bis zum Gusse von 3000 Zentnern, nebst der Beischaffung von mehr als 500 einheimischen und 100 fremden Alphabeten, dann einer systematischen Setzerei, die Wegschaffung sämmtlicher alten Holz- und die Einführung von mehr als 50 neuen Handdruckpressen, die Erweiterung der Dampfkraft von zwei Schnelldruck-Maschinen für den Betrieb von 46 theils einfachen, theils doppelten Schnelldruck- und 24 Kupferdruckpressen sammt mehren anderen Maschinen, die Glätt-Eisenbahn sammt den neu angewandten Ersatzpressen, die reiche Einrichtung der Schriftgiesserei, die Gründung der Schriftschneiderei, die Aufnahme der Galvanoplastik, der Galvano- und Photographie, der Chemitypie, der mechanischen Abtheilung, der Holzschneidekunst, des lithographischen Farbendruckes in allen Manieren, des Blinden- und Notendruckes, die Herausgabe von mehren orientalischen Werken, die Ermöglichung der Drucklegung in allen Sprachen des Erdkreises in landessittlicher Ausstattung, die Abschrift und der Stämpelschnitt nach Urkunden verschiedener Jahrhunderte und Länder, um dieselben im Urbilde drucken zu können, die bleibende Vereinigung der Hofkammer-Steindruckerei und ihre Erweiterung von 7 auf 40 Pressen, die Einverleibung der früher getrennt bestandenen Papierverwaltung, der Lottodruckerei und des kaiserlichen Druckverlages, die erleichterte Durchführung der Tschulik'schen Setzmaschine, dann endlich die Einführung des Unterrichtes für die Lehrlinge dieser k. k. Anstalt in mehren morgen- und abendländischen Sprachen, der Geographie, Geschichte und aller nöthigen Hilfszweige, so wie überhaupt die gegenwärtige Einrichtung beurkunden zugleich dessen dienstliche Hingebung, die später erfolgte Unterstützung der Staatsverwaltung, die weise Verwendung seiner Thätigkeit und die Theilnahme des Personales am technischen Aufschwunge.

Die Räume der Anstalt mussten durch Um- und Zubauten um mehr als das Fünffache vermehrt werden, um dem Andrange von Bestellungen zu genügen. Der Arbeiterstand stieg seit 1841 bis 1846 von 45 auf 300, und bis jetzt auf mehr als 900 Individuen, so dass im Jahre 1840 — 8000 Riesse, im Jahre 1850 aber über 200,000 Riesse oder 200 Millionen Abdrücke gemacht wurden, und mit Einschluss der von dieser Anstalt ausserhalb derselben beschäftigten Arbeitsleute mehre tausend Personen ihren Erwerb und ihre Unterkunft finden, während der Stand der wenigen Beamten der Zahl nach wie 1841 derselbe blieb.

Das Gebäude der Staatsdruckerei — in dem südöstlichen Theile der innern Stadt Wiens gelegen — hat gegen Norden eine Hauptfronte in der Singerstrasse, und gegen Osten ein Seitenportal auf der sogenannten Seilerstätte, dem Coburg'schen Palaste gegenüber; gegen Süden und Westen ist selbes von den übrigen Theilen des Franciscanerklosters und andern Gebäuden umschlossen; überhaupt sind die Baulichkeiten dieser Anstalt derart gelegen, dass selbe von keiner Seite auf einmal überblickt werden können und man daher von Aussen durchaus keinen richtigen Begriff von der Ausdehnung derselben gewinnen kann. In einem kleinen Theile des Franciscaner-Klostergebäudes gelegen, war die Anstalt seit 1841 in beständiger Ausdehnung und Erweiterung begriffen; zuerst wurden diejenigen Localitäten, welche in demselben Gebäude vorhanden, aber von anderen Staatsämtern benützt wurden, hinzugenommen; hierauf wurden die Hofräume, welche zu entbehren waren, mit Bauten besetzt; dann wurden die noch übriggebliebenen Räume zwischen den Gebäuden mit Glasdächern versehen und selbe auf diese Weise zu Arbeitsräumen umgestaltet; endlich — als auch diese Vorkehrungen nicht mehr ausreichen — wurden auf die verschiedenen Gebäude vierte und fünfte Stockwerke gebaut, und es ist vorläufig noch nicht bestimmt anzunehmen, ob die Staatsdruckerei in ihrer weitesten Ausdehnung und grössten Höhe angelangt sei.

Es sind fünf Gebäude und deren Zwischenräume, welche die Anstalt bilden; das **Hauptgebäude** gegen Norden, Singerstrasse 913, besteht nebst dem ebenerdigen Geschoss aus noch drei Stockwerken; es ist eine der ältesten Baulichkeiten der Anstalt, und es sind noch sehr wenige Jahre verflossen, seitdem die daselbst befindlichen kleinen ärmlichen Lückenfenster zu ordentlichen Oeffnungen zum Einlass des Lichtes und der Luft umgewandelt wurden. Die meisten Bewohner Wiens werden sich noch an die frühern vergitterten kleinen Lücken erinnern, die bestimmt waren, die hier befindlichen Verbindungsgänge nothdürftig zu erleuchten; jetzt sind aus diesen Räumen Localitäten für die Kanzleien, für die Ausstellungs-Gallerie, die

Setzer, Zeichner und Graveure gebildet, die sich an dem einfallenden Lichte erfreuen. — Ein zweites, eben so grosses Gebäude befindet sich dem ersten gegenüber und zwar gegen Süden gelegen; es hat ausser dem ebenerdigen Geschoss noch fünf Stockwerke bis zum First des Daches, welche alle reichlich bevölkert sind. Es wurde erst vor zwei Jahren erbaut und dessen Räume sind ausschliesslich zur Erzeugung und Ausführung der verschiedenen Werthpapiere des Staates bestimmt.

Zwischen beiden Gebäuden befand sich früher ein ansehnlicher Hofraum, der aber nunmehr grösstentheils mit einem Dache aus Eisen und Glas überbrückt und dadurch zu einem schönen und praktisch verwendbaren Saale für die Druckmaschinen umgestaltet wurde. Nur ein kleiner Raum wurde freigelassen, um das nöthige Feuerungsmateriale — Steinkohlen — hier einführen zu können. Durch das Oeffnen einer Fallthüre blickt man nämlich in eine kellerartige Vertiefung, in welcher sich ein Rollwagen auf einer Eisenbahn befindet. Dieser Wagen, acht Centner Steinkohlen fassend, kann mittels einer Person mit Leichtigkeit durch einen unterirdischen Canal auf der Eisenbahn bis zum Feuerherde des Dampfkessels fortbewegt werden.

In dem vorderen Theile des Gebäudes befindet sich der Aufgang zur Direction, welcher ausschliesslich nur für die Mitglieder derselben und für diejenigen Personen bestimmt ist, die bei der Direction selbst etwas zu thun haben.

An diese beiden Hauptgebäude reiht sich als Fortsetzung derselben gegen Osten, beide gleichsam verbindend, ein grosser Mitteltract, welcher ausser seinem Parterre - Geschoss fünf Stockwerke enthält.

An denselben gegen Osten anschliessend und mit den ersten beiden Baulichkeiten parallel, reihen sich zwei etwas kleinere Gebäude von fünf Stockwerken an, und umschliessen einen kleinen Hofraum, in welchem das nöthige Materiale zugeführt und die fertigen Arbeiten auf Wägen geladen und so verführt werden können.

Nichts kann aus der Anstalt weggebracht werden, ohne durch die Fenster eines Locales bemerkt zu werden, welches sich hier befindet, und in dem ein Factor mit dem nöthigen Hilfspersonale beschäftiget ist. Zugleich fuhrt aus diesem Locale eine Thür auf die Strasse, durch welche sämmtliche in der Anstalt beschäftigten Personen einzutreten haben, um von da sich in die gegenüber befindliche Garderobe zu begeben, wo die Ueberkleider abgelegt und das Arbeits - Costume angezogen wird. Jede Person hat einen bestimmten nummerirten Platz, und zwei Invaliden als Hausdiener wachen daselbst für Sicherheit und Ordnung der aufbewahrten Gegenstände.

Obiges Eingangs-Locale ist aber auch noch bestimmt, alle wie immer

Namen habenden Arbeitsbestellungen von denjenigen zu übernehmen, die eine solche zu machen berechtigt sind, d. h. Hof- und Staatsbehörden und Aemter. Die Arbeiten erhalten hier Nummer und Seite des Hauptbuches, in welches selbe bei ihrem Einlangen eingetragen werden; diese Arbeiten werden in der Rechnungs-Kanzlei in dem Hauptbuche protokollirt, Post und Pagina desselben auf die Bestellung geschrieben, dann den betreffenden Factoren zum Satz, Druck, zur Papieranweisung, zum Beschneiden, Binden u. s. w. übergeben, bis selbe endlich wieder durch das Expedit an den Besteller befördert werden.

Die verschiedenen Stockwerke dieser fünf Gebäude sind durch Gallerien mit einander verbunden; drei eiserne Wendeltreppen und drei steinerne Hauptstiegen stellen die Verbindung der Localitäten unter einander von ebener Erde bis zum obersten Stockwerke her. — Eine Dampfmaschine von sechzehn Pferdekraft ist der wahrhafte Deus ex machina, welcher die mannigfachen Maschinen in Bewegung setzt und in derselben gleichmässig erhält. Er wirkt theils unter der Erde fort, und leitet von hier aus durch Bänder und Zähne die Bewegung, theils breitet er seine Arme links und rechts aus, oder streckt einige derselben in die oberen Stockwerke, um überall, wo dessen gemessene und unwiderstehliche Kraft erfordert wird, wirksam einzugreifen. Doch nicht allein Bewegung bietet der Dampf, auch Wärme spendet er sämmtlichen Localitäten und hebt Wasser dorthin, wo selbes gebraucht wird. In jedem Locale befinden sich daher kupferne Becken mit zwei Pipen, aus welchen man nach Bedarf kaltes oder warmes Wasser herausquellen machen kann. Grosse Heizröhren ziehen sich durch sämmtliche Räume, durch welche der heisse Dampf streicht, um endlich wieder als Wasser durch kleine Ableitungsröhren in hie und da angebrachte Behälter zurückzufliessen, aus welchen dasselbe — da es vollkommen distillirt ist — zu manchem technischen Gebrauche vortheilhaft verwendet werden kann.

An das Spenden von bewegender Kraft, von Wärme und Wasser, reiht sich die Sorge für Herbeischaffung von Licht; Bleiröhren schlingen sich daher — dem Auge des Besehenden grösstentheils verborgen — durch sämmtliche Wände, und erleuchten mit Hunderten von Gasflammen die Arbeitsräume; während der Winterszeit hat es sich oft ereignet, dass in einem Tage über 24000 Kubikfuss Gas verzehrt wurden, da selbes auch in manchen Geschäftszweigen, z. B. in der Galvanoplastik und von den Stämpelschneidern zum Erweichen und Härten des Stahles und zum Erwärmen, Schmelzen und Löthen verschiedener Metalle als Feuerungs-Materiale in eigenen Vorrichtungen verwendet wird.

Alle diese verschiedenen Communicationen von Gallerien und Treppen für die Personen — von

Wellen, Rädern und Grindeln für die bewegende Kraft, von grossen und kleinen Röhren für Würme, Wasser und Licht reichen aber noch nicht aus, um eine einheitliche Wirksamkeit in jeder Beziehung herzustellen. Zu diesem Behufe schlängeln sich an den Wänden der Gebäude kupferne Röhren auf- und abwärts, deren Ausläufer sich in den mannigfachen Localitäten der verschiedenen Stockwerke vertheilen, deren anderes Ende aber in dem Bureau des Directors der Anstalt des Herrn Regierungsrathes Auer — sich befinden; es sind deren vierzehn; viele derselben besitzen eine Länge von 300 Fuss; sie dienen als Sprachröhren, um mit den Personen der verschiedenen Abtheilungen alsogleich und ungehindert verkehren und sich von dem Fortgange der Arbeiten überzeugen zu können, da alle Fragen unverweilt beantwortet und alle verlangten Nachweisungen augenblicklich ohne allen Zeitverlust mündlich mitgetheilt werden.

Ausser den schon angeführten zwei Eingängen in die Anstalt selbst, befinden sich noch zwei Zugänge in einzelne Localitäten derselben in der Hauptfronte gegen die Singerstrasse; der eine führt nämlich in den Verschleiss, in welchem alle Drucksorten, die von der Staatsverwaltung für den Verkauf bestimmt, seien es nun Patente, Erlässe, Circularien, Gesetze oder selbst wissenschaftliche und Kunstwerke, — zu haben sind; der andere Zugang führt in das Papierlager, und ist einzig und allein der Einlieferung der verschiedenen Papiersorten gewidmet.

Die Aufgaben oder Zwecke der Staatsdruckerei, welche theils von der Staatsverwaltung gegeben oder vorgesteckt sind, oder die sie aus eigenem Antriebe verfolgt, sind in Kürze folgende:

a) Die Ausführung aller Werthpapiere des Staates, seien es nun Schatzscheine, Casse-Anweisungen, Hypothekar-Anweisungen, Poststämpel, Staatsschuldverschreibungen und Coupons, oder wie immer Namen habende, Geld und Geldwerth vertretende Papiere.

b) Der Druck all derjenigen Arbeiten, die von sämmtlichen Behörden des Staates gefordert oder benöthiget werden; dieselben sind theils solche, die für die Oeffentlichkeit bestimmt sind, wie Kundmachungen von Gesetzen und Vorschriften; theils nur für den ämtlichen Gebrauch der betreffenden Behörden bestimmte, wie gewisse Mittheilungen derselben untereinander, oder Blanquete und Tabellen; hieher gehören auch die unter geschärfte Controlle gestellten Arbeiten, z. B. Lottoscheine, Reisepässe, Mauthbolleten u. s. w. Die Druckgegenstände, welche hier ausgeführt werden, sind allumfassender Natur; sie können in Wort oder Bild bestehen; sie können einzelne Blätter oder zwanzig und vierzig Druckbogen und noch mehr umfassen; sie können in einer Auflage von nur 20 oder 30 Stück, oder in einer solchen von mehren Hundert Tausenden bestehen; die Direction der Anstalt muss auf alle Anforderungen gefasst und selbe — besonders wenn sie wichtig — in möglichst kürzester Zeitfrist auszuführen bereit sein.

c) Die Unterstützung von Wissenschaft und Kunst in solchen Fällen, in welchen die Mittel von Privat-Anstalten und Personen nicht ausreichen; in diesem Fache hat die Staatsdruckerei — besonders durch ihren höchst ausgezeichneten Typenschatz und durch die Ausführung gelungener Bilder in Farbendruck, Lithographie, Holzschnitt und Kupferstich — seit wenigen Jahren sich bedeutenden Ruf selbst im fernen Auslande erworben, da gegenwärtig Gelehrte in Leipzig, Erlangen, Kopenhagen, Christiania, Konstantinopel u. s. w. ihre Werke in fremden Sprachen in hiesiger Anstalt drucken lassen, und die Missions-Druckereien in Jerusalem, und in neuester Zeit diejenige des Generalvicars Doktor Knoblecher zu Chartum in Afrika, so wie eine ausgezeichnete Druckerei in London mit Schriften und Utensilien aus hiesiger Anstalt versehen wurden.

d) Die Vervollkommnung aller graphischen Kunstzweige; es ist diess schon durch die vorher angeführten Aufgaben bedingt, und man könnte in der Erfüllung der ersten drei Aufgaben gar nicht bestehen, wenn man nicht die letzte beständig im Auge behalten würde; sie ist daher auch keine vorgeschriebene, sondern nur eine nothwendige und — mit Liebe und Ausdauer erfasste Aufgabe. Man könnte auch die ersten Beiden die materiellen, und die zwei Letzten die intellectuellen Aufgaben der Staatsdruckerei nennen.

Um einen übersichtlichen Begriff von der ausgedehnten Wirksamkeit dieser Anstalt zu geben, sei hier im Allgemeinen eine statistische Uebersicht des vorhandenen Personales und Materiales, so wie der Consumtion und der Resultate der Anstalt selbst wie der einzelnen Fächer derselben beigefügt, wobei bemerkt wird, dass im Jahre 1841 vor dem Eintritte des gegenwärtigen Directors, Regierungsrath Alois Auer, die Anstalt bereits wegen ihres Verfalles zur Auflösung von der Finanz-Hofstelle beantragt ward.

Alle möglichen Vorkehrungen, welche früher zur Umstaltung des Institutes eingeleitet wurden, blieben erfolglos. Die Ursache bestand wohl einzig und allein darin, dass der Mann mit voller Sachkenntniss als Oberleiter fehlte. Jede Amts-Instruction für technische Anstalten wirkt in der Regel hemmend ein; buchhalterische Controlls-Massregeln erschweren meistens die freiere Bewegung, die in dem gegebenen Amtsunterricht in die schwersten Fesseln gelegt ward. Der unsäglichen Liebe und Aufopferung, den richtig ergriffenen Mitteln des neuen Leiters und dem zeitweiligen Eingreifen des Präsidiums der Finanz-Hofstelle allein darf daher der neu entwickelte Aufschwung mit vollem Rechte zugeschrieben werden.

STATISTISCHE ÜBERSICHT.

Personalstand im März 1851.

Director	1
Directions-Adjunct	1
Rechnungsführer, Rechnungsführer-Adjunct und Kanzlist	3
Oberfactoren	2
	7
Schreiber	2
Kanzleidiener	1

Buchdruckerei, allgemeine.

Factoren	6
Correctoren	6
Setzer: für fremde Sprachen und akad. Arbeiten	30
Zöglinge	9
„ für d. Reichsgesetzblatt	31
Zöglinge	6
„ der allgem. Abtheil.	52
Zöglinge	19
Drucker bei den Handpressen	50
Hausdiener daselbst	4
Druckmaschinen. Ober-Maschinenmeister	2
Maschinenmeister	20
Ein- und Ausleger	89
Für Papierfeuchten, Formenreinigung und Walzenguss	12
Aufseher bei den Letternvorräthen und im Materialienlager	2
	338
Fürtrag…	348

Uebertrag… 348

Schriftschneiderei, Galvanoplastik und Galvanographie

Factor	1
Gehilfen	20
	21

Schriftgiesserei und Stereotypie.

Factor	1
Gehilfen	50
Abbrecher und Schleifer	20
Zöglinge	2
	73

Xylographie, Gravirung und Guillochirung.

Factor	1
Gehilfen	8
	9
Chemitypie	2
Photographie	7

Creditsdruckerei.

Buchdruckerei daselbst:

Factoren	2
Setzer als Revidenten	9
Drucker	48
Maschinenmeister	2
Ein- und Ausleger	16
Vergolder	7
Glätter und Hausdiener	2

Steindruckerei daselbst:

Factor	1
Drucker	9
Aufleger	9

Kupferdruckerei daselbst:

Factoren	2
Gehilfen	56
	163
Fürtrag…	623

Uebertrag... 623		Uebertrag... 748	
Buch- und Steindruckerei beim Handels-Ministerium.		Glättung, Expedit und Trocken-Halle.	
a) **Buchdruckerei.**		Factoren	2
Factor	1	Gehilfen	28
Setzer	17	An der Dampfmaschine:	
Maschinenmeister	1	1 Aufseher und 2 Gehilfen	3
Ein- und Ausleger	4		33
Radtreiber	4		
Zöglinge	3	Reichsgesetz-Expedit.	
b) **Steindruckerei.**		Expeditor	1
Drucker	1	Gehilfen	18
Aufleger	1		19
Buchbinder	2	Buchbinderei.	
Hausdiener	1	Geschäftsleiter	1
	35	Gehilfen	60
Zeichnen-Anstalt, akademische und amtliche Steindruckerei.		1 Zögling und 2 Hausdiener	3
			64
Factoren	2	Verschleiss und Papierlager.	
a) **Zeichnen-Anstalt.**		Factor	1
Zeichner	18	Gehilfen	13
b) **Akademische Steindruckerei.**		Hausdiener	2
Drucker	16		16
Aufleger	18	Schreibgeschäft, Materialien-Depot und Inspection	7
c) **Aemtliche Steindruckerei.**		Hausdiener	2
Drucker	12	Werkstätte für Mechanik.	
Aufleger	11	Factor	1
Zöglinge	4	Gehilfen	5
Hausdiener	1		6
	82	Tischlerei.	
Ministerial-Steindruckereien:		Gewerksleiter	1
Ministerium des Innern.		Gehilfen	11
Drucker	3		12
Aufleger	3	Garderobe	2
Ministerium der Justiz.		Zusammen... **909**	
Drucker	1		
Aufleger	1		
	8		
Fürtrag... 748			

Localitäten.

Flächenraum in Quadratfuss

Hauptfronte gegen Norden.
Ebene Erde. Verschleiss und
  Papierlager, 6 Zimmer.... 1726
Erster Stock. Direction und
  Kanzlei, 6 Zimmer....... 1883
Gallerie der ausgestellten Er-
  zeugnisse............... 1020
Zweiter Stock. Allgemeine
  Setzerei: Zwei grosse Säle 3285
Dritter Stock. Grosser Saal für
  Lithographie, Saal für Stein-
  zeichner und Graveure.... 4050

Südliches Gebäude für Credits-
Arbeiten.

Ebene Erde. Druckmaschinen-
  Saal.................... 1213
Erster Stock. Saal für Kupfer-
  drucker................. 1213
Zweiter Stock. Saal für typo-
  graphische Schnellpressen
  und Lithographie......... 1311
Dritter Stock. Saal für typo-
  graphische Handpressen... 1364
Vierter Stock. Saal f. Numerir-
  und Stampiglirpressen.... 1418
Fünfter Stock. Galvanoplastik
  I. Abtheilung............ 1458
Boden. Galvanoplastik II. Abth. 1197
Zwischen-Gebäude. Grosser
  Schnellpressen-Saal...... 2620

Mitteltract.

Ebene Erde. Schnellpress. Saal, 1966
  Dampfmaschine und Heitze. 958
Erster Stock. Handpressen-
  Saal und Waschküche..... 1976
            Fürtrag...28658

Flächenraum in Quadratfuss

Uebertrag...28658
Zweiter Stock. Setzerei für das
  Reichsgesetzblatt u. Druck-
  sortenlager.............. 2026
Dritter Stock. Setzerei für aka-
  demische und fremdsprachl.
  Arbeiten; Drucksortenlager 2185
Vierter Stock. Schriftgiesse-
  rei und Stereotypie...... 2205
Fünfter Stock. Photographie. 2342
Neben-Trakt. Vom 1. bis zum
  4. Stock: Trockenanstalt.. 4000

Nordöstliches Gebäude.

Ebene Erde. Eingang, Arbeits-
  empfangnahme u. Garderobe 930
Erster Stock. Materialienlager
  und Handpressen......... 970
Zweiter Stock. Xylographie u.
  Letternvorräthe......... 1102
Dritter Stock. Chemitypie und
  Mechanik............... 1177
Vierter Stock. Tischlerei.... 1177

Südöstliches Gebäude.

Ebene Erde. Reichsges. Exped. 765
Erster Stock. Allgem. Expedit 782
Zweiter Stock. Buchbinderei.. 899
Dritter   „   „   .. 899
Vierter   „   „   .. 899
            Zusammen...51016

Localitäten ausser Hause.

Magazine: In der Himmelpfortgasse,
  im Auwinkel und am Franzensthor;
  dann in der Singerstrasse 11 grosse
  Zimmer für die Vorräthe der in 10
  Sprachen erscheinenden Auflage
  des Reichsgesetzblattes.

Kohlenverbrauch ... Centner	12.000
Holzverbrauch ...... Klafter	180
Länge der kupfernen Dampfheizröhren von 3 bis 6 Zoll Durchmesser Fuss	1062
„ „ kupf. Röhren zum Ablaufen des contensirten Wassers	360
„ „ kupf. Sprachröhren	1308
Länge der Röhren für kaltes und warmes Wasser	708
Länge der Röhren für Brenngas	5000
Anzahl der vorhandenen Gasflammen	676
Auslauf-Pipen für Wasser	33
Kupferne Ausgusskessel	14

Die vorzüglichsten Maschinen.

Maschindruckpressen, doppelte und einfache Stück	46
Eiserne Handpressen für grosses Format	43
Eiserne Handpressen f. kl. Format	12
Eine Setz- und Ablegemaschine ..	2
Lithographische Pressen	40
Kupferdruckpressen	24
Satinir-Maschinen	8
Nummerirpressen	8
Stämpelpressen	5

Eine hydraulische Glättpresse mit Eisenbahn u. zehn Hülfspressen.

Grosse Heitzapparate zum Waschen mit Lauge	4
Giessmaschinen	8
Vierspännige Giessöfen	10
Stereotyp-Oefen	2
Schmelzofen	1
Kreissäge	1

Eine unterirdische Eisenbahn mit einem Kohlenwagen.

Vorhandene Lettern Pf.	300.000
Anzahl derselben, 100 Pf. zu circa 50.000 Buchstaben	150,000.000
Im J. 1850 verbrauchte Papiermenge ... Riess	200.000
Jährliche Verrechnungen an Einnahmen und Ausgaben .... fl.	2,200.000
Vorhandene Stahlstämpel, einheimische 7050 fremde .... 8400 Zusammen ...	15.450
Matrizen, einheimische ...... 21.500 fremde ...... 15.000 Zusammen ...	36.500

worunter 11.000 galvanoplastisch erzeugte.

Galvanische Apparate .... Stück 60 von denen 16 für Platten von 972, einer jedoch mit 16.320 Quadratzoll, die übrigen für kleinere Dimensionen.

Jährliche Consumtion der Galvanoplastik:
  Kupfervitriol .... Pf. 30.000
  Zink .... „ 7.200

Jährliche Erzeugung:
  Platten .... 1.000 bis 1.200
  im Gewichte Pf. 4.000 bis 6.000

Photographische Apparate:
  zur Erzeugung der negativen
    Bilder 4
  zur Erzeugung der positiven
    Bilder 10

Drei Guillochir-Maschinen, wovon die eine mit dem Stichel in Metall, und die anderen zwei mit dem Diamant auf Stein und in Relief arbeiten.

Um einen richtigen Begriff von der technischen Oberleitung dieser Anstalt zu erlangen, werden hier in Kürze die Abtheilungen und Fächer aufgeführt, welche sämmtlich der Direction unterstehen, und die mit Ausnahme einer kleinen Schriftgiesserei, typographischen Abtheilung und ämtlichen Lithographie, erst nach dem Eintritte des gegenwärtigen Directors und Regierungs-Rathes Alois Auer im März 1841 neu geschaffen worden sind. Die Grösse der gelösten Aufgabe dürfte aus dem Umstande näher hervortreten, dass die Anstalt im Jahre 1840 derart in Verfall war, dass die Finanz-Hofstelle, wie schon bemerkt, die Auflösung derselben beantragte, weil man geneigt war zu glauben, dass ein Staats-Institut nicht so vortheilhaft geleitet werden könne, wie eine Privat-Anstalt.

Allerhöchsten Orts aber wurde dieses Institut dem obgenannten Director zur Fortführung übergeben, und ungeachtet unzählige Male der Gränz-Punct eines blossen Hofkammer-Expedites vorgezeichnet ward, trat die Anstalt bald mit gewaltiger Kraft über alle Gränzlinien hinaus, brach sich die Bahn ihres Geschäftskreises und nahm so die Stellung ein, die ihr gegenwärtig als eine der ersten graphischen Kunstanstalten in und ausser Europa gebührt.

Nachdem im Jahre 1840 die Staatsdruckerei von 90 auf 45 Arbeiter gesunken, und selbst diese oft wochen- und monatlang fast nichts zu thun hatten, umfasst sie jetzt ausser den auswärtigen vielen Künstlern, Zeichnern, Kupfer- und Stahlstechern, wie der vielen Papierfabriken, und der Gewerbsleute wie z. B. Mechaniker, Tischler, Schlosser, Kupferschmiede, Seiler etc. noch über 900 Personen, und ist trotz des ungeheuren Personales seit einem Jahre schon genöthiget, noch mehre andere Druckereien Wiens zu beschäftigen und mit Arbeit zu versehen. Die Vergütung an Privat-Druckereien betrug während einiger Monate über 80,000 fl. C. M.

Die eigenen Auslagen betragen jährlich über eine Million Gulden, die Einnahmen dagegen beiläufig 1 Million 200,000 fl. C. M. Abgesehen davon dass ihr Vergütungs-Tariff fast um einen Drittheil billiger ist als jener der Privatdrucker, bringt sie für Wissenschaft und Kunst und die Belebung der neuen Erfindungen und Entdeckungen bedeutende Geldopfer, welche in den glänzenden Resultaten ihrer Erzeugnisse und in ihrem Weltrufe genügenden Ersatz finden.

Fast unglaublich dürfte es klingen, dass die Anstalt nach einem 10 Mal gesteigerten Personalstande noch jetzt wie im Jahre 1817 nur aus 5 Beamten in der Kanzlei und 2 Oberfactoren besteht.

Das ganze Institut steht sowohl in administrativer als der technischen Oberleitung unter der Person des Directors.

Das Concept-, Rechnungs-Revisions- und Cassawesen ist dem Directions-Adjuncten übertragen.

Der Rechnungsführer und Rechnungsfuhrers-Adjunct besorgen die Rechnungs-Geschäfte und ein Kanzlist ist zu den Schreibgeschäften bestimmt.

Jeder technischen Abtheilung steht ein Factor vor. Ausserdem sind für die Correctur noch mehre Unterfactoren und Correctoren in Verwendung.

Der Direction der k. k. Hofund Staatsdruckerei zu Wien untersteht ferner ausser ihrer eigenen, in Rede stehenden Anstalt noch:

1. Eine vollständige Buch- und Steindruckerei im Handels-Ministerium zu Wien.
2. Die Kronlands-Stein- und Buchdruckerei zu Lemberg.
3. Eine Buch- und Steindruckerei zu Temesvar.
4. Drei Steindruckpressen im Ministerium des Innern, und
5. Eine solche im Justiz-Ministerium.

Auf Verlangen der Behörden wurden in der letztern Zeit von der Staatsdruckerei noch Lithographien errichtet für die Statthaltereien zu Hermannstadt und Salzburg, und für die Bezirkshauptmannschaften zu Hietzing, Leoben, Poisdorf, Oedenburg und Kaschau.

Ehe wir noch zur Beschreibung der einzelnen Fächer gelangen, soll, nachdem eine statistische Uebersicht des Personalstandes und des Material-Verbrauches vorausgegangen ist, hier eine Zusammenstellung folgen von den

Verschiedenen Abtheilungen

der

k. k. Hof- und Staatsdruckerei

zu Wien.

A) Die druckenden Künste selbst.

I. Die Buchdruckerei oder Typographie sowohl für Sehende mit Farbe, wie für Blinde ohne dieselbe mit Hochprägung (Erhabendruck).

II. Die Kupferdruckerei (Tiefdruck, grossentheils von Kupferplatten, zuweilen auch von Stahl und Zink).

III. Die Steindruckerei oder Lithographie — chemischer Farbendruck — in einzelnen Fällen auch auf Zink.

B) Graphische Künste für diese drei Druckmanieren, und Fächer zur Unterstützung derselben.

a) Für den Erhabendruck (Typographie):
1. Das Stämpelschneiden;
2. das Graviren in Stahl, Messing, Schriftzeug u. s. w.;
3. die Xylographie;
4. die Chemitypie;
5. die Galvanophysik;
6. die Schriftgiesserei;
7. die Stereotypie.

b) Für den Tiefdruck:
8. Kupferstecher und Zinkgraveure;
9. Galvanographie.

c) Für beide Druckarten:
10. Die Galvanoplastik;
11. das Guillochiren.

d) Für alle graphischen Drucke:
12. Die Trockenanstalt;
13. das Glätten, Glänzen und das Expedit;
14. die Buchbinderei;
15. der Verschleiss;
16. das Papierlager.

e) Als einzelnes Fach, dessen Zukunft herausstellen wird, ob es selbstständig oder zur Unterstützung der andern graphischen Zweige verwendet werden kann:
17. Die Photographie.

f) Für den Gebrauch der ganzen Anstalt:
18. Werkstätte für Mechanik;
19. Tischlerei;
20. Garderobe;
21. Materiallager.

Ohne eine vollständige Abhandlung über die verschiedenen Arten der Vervielfältigung von Wort und Bild liefern zu wollen, sollen nun die oben aufgezählten einzelnen Fächer näher betrachtet und mit der Typographie als der am zahlreichsten vertretenen Abtheilung der Staatsdruckerei begonnen werden.

Um mit Buchstaben drucken zu können, benöthigt man der Lettern, die in eigenen Instrumenten und aus kupfernen Hohlformen oder Matrizen gegossen werden; Stahlstämpel dienen zur Hervorbringung der Letzteren. Es war daher eine unabweisbare Nothwendigkeit für die gegenwärtige Direction, bei Uebernahme derselben und beim Beginne ihrer Umgestaltung eine Abtheilung für

Das Schriftschneiden (5. Stock)

zu gründen, welches Fach bisher in Oesterreich wenig gepflegt worden war. Die Verwirklichung dieser Aufgabe war um so schwieriger, als die hiezu tauglichen Personen erst ausgewählt und herangebildet werden mussten. Mit den einheimischen Schrift-Charakteren wurde begonnen, und in kurzer Zeit vollständige Garnituren von den gewöhnlichen Fractur-, Antiqua- und Cursiv-Schriften sowohl, wie auch von den übrigen, in dem österreichischen Staate üblichen Schriften hergestellt. Hierauf schritt man zur Erzeugung von Typen für fremde Sprachen, wozu die verschiedenartigsten Quellen aufgesucht und benützt wurden; es waren diess theils Reisewerke, Vaterunser-Sammlungen oder Abhandlungen über die verschiedenen Sprachen des Erdkreises, theils Inschriften oder andere wissenschaftliche Werke und Journale; hauptsächlich wurden aber mustergiltige Handschriften zu Rathe gezogen.

Mit grosser Ausdauer und gewissenhaftester Genauigkeit wurden die ausgewählten Figuren in hartem Stahle erhaben wieder gegeben, wobei man die Charakteristik derselben und die Schreibweise eines jeden Volkes wie die Anforderungen der Technik beständig vor Augen hatte.

Auf diese Weise wurden binnen wenigen Jahren mehr als 15000

Stahlstämpel erzeugt und hiedurch ein Typenschatz erworben, der an Anzahl der Schrift-Charaktere und an gelungener Wiedergebung der einzelnen Schriften alle bisher bestehenden Anstalten dieser Art übertrifft. Und noch sind selbe in fortwährender Vermehrung, Ergänzung und Verbesserung begriffen, so dass man nie mehr zurückbleiben könne!

Doch man begnügte sich nicht mit den jetzt bestehenden einheimischen und fremden Schrift-Charakteren, man suchte auch das Alterthum auszubeuten, wenigstens was die Entwickelung unserer jetzigen deutschen Buchschrift betrifft, wozu jahrelange Vorstudien gepflogen wurden, um aus der Vergleichung vieler Codices nach Zeit und Vaterland einige als mustergiltig auswählen zu können, wonach dann die Zeichnung einer deutschen Buchschrift für einen gewissen Zeitabschnitt entworfen werden konnte. Auf diese Art und Weise besitzt die Staatsdruckerei eine Garnitur deutscher Buchschriften des Mittelalters vom sechsten Jahrhundert bis zur Erfindung der Buchdruckerkunst 1440. Auch die noch hie und da befindlichen Vorschriften des sechzehnten und siebzehnten Jahrhunderts wurden benützt, um nach denselben ausgezeichnet schöne Zierschriften im Geiste jener Zeit auszuführen.

An die Schriftschneiderei — als den Grundstein der Typographie — schliesst sich

Die Schriftgiesserei (4. Stock).

Sie befindet sich im Mittel-Gebäude, und beschäftiget in einem grossen, ausgezeichnet schönen Saale nebst zehn vierspännigen Giessöfen noch acht Giessmaschinen nach verbesserter Construction, Maschinen, welche sonderbarer Weise bisher weder in England noch Frankreich zur Anwendung kamen, obwohl seit der Erfindung derselben mannigfache Verbesserungen an ihnen vorgenommen worden sind.

Zur kurzen Versinnlichung des technischen Verfahrens überhaupt wollen wir hier bemerken, dass der Stahlstämpel nach Vollendung des Schnittes gehärtet und hierauf in dicke Stücke gut geschmiedeten Kupfers eingeschlagen wird, wodurch man eine Hohlform des Buchstabens oder eine sogenannte Matrize gewinnt. Eine solche Matrize wird durch Feilen, und zuletzt durch Abschleifen dergestalt zurecht gemacht oder justirt, dass die hier in der Tiefe befindliche Gestalt des Buchstabens an allen Stellen gleichtief, dass sie weder vor- noch rückwärts hängt und oben und unten Linie hält. Die so justirte Matrize kommt nun in das Giessinstrument, wo gewöhnlich noch die Weite oder Dicke des Buchstabens zugerichtet wird, und dient zum Giessen der Lettern entweder durch freien Handguss (4—5000 pr. Tag) oder durch Maschinen (14, 16 auch 20.000 pr. Tag). Durch letztere wird man daher Lettern erzeugen, von denen grosse Mengen erforderlich sind, während

Erstere für geringere Quantitäten oder überhaupt für schwierigere Arbeiten dient.

Der Buchstabe selbst — d. h. das Auge desselben — muss durch oberwähnte Giessvorrichtungen vollkommen scharf erscheinen, die Arbeiten des Schriftgiessers, die nach dem Gusse vorgenommen werden, beziehen sich nur auf den Kegel, Körper oder Stab, worauf das eigentliche Zeichen sich befindet. Diese Arbeiten sind: das Abbrechen des Angusses, das Schleifen auf zwei Seiten, das Aufsetzen in langen Zeilen von mehren hundert Buchstaben und das Fertigmachen oder Hobeln und Schaben auf drei oder auch mehren Seiten der Lettern, je nachdem die Gestalt des Buchstaben es erfordert. Doch nicht allein das Erzeugen von Buchstaben ist die Arbeit des Schriftgiessers, derselbe liefert auch noch sehr viele andere Artikel für den Satz: z. B. alle Arten Ausschliessungen, Durchschuss, Formatquadraten, Einfassungen, Verzierungsgegenstände aller Art u. s. w. — Ferner ist in der Staatsdruckerei die Einrichtung getroffen, dass sämmtliche Körper zum Setzen nach dem typometrischen Systeme gegossen, folglich durchaus mathematisch richtige Körper sind, deren Theilzahlen sich in typographischen Puncten ausdrücken lassen, eine Einrichtung, die ungeheure technisch-praktische Vortheile gewährt.

An die Schriftgiesserei reiht sich die Stereotypie, eine Erfindung der letzteren Jahrzehende, welche mit dem ursprünglichen Plattendrucke der Kartenmaler und Briefdrucker vor der Kenntniss und Anwendung von beweglichen Lettern viele Aehnlichkeit besitzt. — Dieselbe besteht nämlich darin, dass man von einem, mit beweglichen Lettern gemachten Satze, gewöhnlich eine ganze Seite oder Columne, sei dieselbe nun gross oder klein, eine Gyps-Hohlform gewinnt, welche in eine eiserne Pfanne gelegt, verschlossen und in das geschmolzene Metall gebracht wird. Der Druck des mit Gewalt einströmenden flüssigen Metalles bewirkt einen scharfen Abguss der dargebotenen Form, welche hierauf wieder dem Setzer übergeben und von demselben zu frischem Satze verwendet wird, während die vorher durch Guss gewonnene Platte zum Drucke dient. Die Stereotypie hat sich seit ihrer Einführung immer vortheilhafter in der Anwendung bewährt und wird wie alle übrigen Fächer in der genannten Anstalt in ausgedehntem Masse betrieben; so hat selbe in der letztern Zeit Platten von mehr als 500 Quadratzoll in einem Stücke von vollkommenster Schärfe geliefert.

In dem Locale für die Stereotypie befindet sich ferner ein Schmelzofen zum Schmelzen und Legiren der grossen Mengen des erforderlichen Metalles und zum Giessen von Tabellenlinien und ähnlichen Gegenständen, die sehr viel Metall erfordern.

An die Schriftgiesserei und Stereotypie, welche Beide dem typographischen Drucke Lettern oder Schrift überhaupt liefern, reiht sich

Die Stereotyptischlerei (4. Stock)

welche alle technischen derartigen Erfordernisse im Hause selbst verfertigt. An dieselbe stösst

Die mechanische Abtheilung (3. Stock)

zu ähnlichem Zwecke, wo alle Maschinen für die Staatsdruckerei gemacht werden. Nach derselben gelangt man zur

Gravure in Metall und Xylographie oder Holzschneidekunst.

Erstere liefert Zierschriften und Ornamente für den Erhabendruck der Buchdruckerpresse in Schriftzeug, wie auch solche für heisse Prägung des Buchbinders und Gegenstände für gepresste Reliefarbeiten.

Letztere ist ein bisher mit Liebe gepflegtes Fach der kais. Hof- und Staatsdruckerei, und wurde vor beiläufig fünf Jahren gegründet. Ein ausgezeichneter Xylograph wurde zum Leiter derselben bestimmt und anfangs einige wenige, später aber mehre junge Leute demselben zur Bildung und Anleitung zugetheilt. Auf diese Art wurden viele ausgezeichnete Künstler dieses Faches herangebildet und namentlich mehre Kunstarbeiten unternommen, die sonst wohl hätten nicht ausgeführt werden können, wie z. B. die Ergänzung von Kaiser Maximilians Ehrenpforte, einige ausgezeichnete Compositionen des Professors Führich, die Illustrationen mehrer ausgezeichneter Werke und der erforderlichen ämtlichen Bedürfnisse u. s. w. Ueberhaupt wurde auch hier auf eine edlere Richtung der Kunst und auf eine höhere Wirksamkeit der Xylographie hingewirkt, um den durch gewöhnlichen Schlendrian verdorbenen Geschmack zu läutern und das Publikum mit besseren Leistungen dieses namentlich in Oesterreich oft verkannten und missbrauchten Faches vertraut zu machen. Wer die Schwierigkeiten, aber auch den Nutzen der Xylographie kennt, wird dieses Unternehmen gewiss mit Dank anerkennen. Dem Kupferstiche gerade entgegengesetzt, bietet der Holzschnitt die Zeichnung in erhabenen, freistehenden Strichen. — Gegen das Ende des Mittelalters, besonders unter Maximilian dem Ersten befand sich dieses Fach in Deutschland in grosser Ausbildung und Blüthe, gerieth aber allmälig in Verfall und wurde erst in neuerer Zeit wieder gepflegt und vervollkommt. Zweierlei Hauptmanieren lassen sich im Holzschnitte unterscheiden; die Eine hat es sich zur Aufgabe gemacht, den Kupferstich in der Art der Ausführung nachzuahmen, und ist zwar die effectvollere, aber bei Kunstkennern weniger beliebte und geschätzte; die Andere beschränkt sich auf das, im Geiste des erfindenden Künstlers auszuführende Wiedergeben der auf dem Holzblocke befindlichen Zeichnung, und hat in neuester Zeit wohl den Sieg über die erstere Manier errungen. Da der Original-Holzschnitt an und für sich mehr als 80.000 gute Abdrücke erlaubt, und das Original überdiess noch auf verschiedene Art eben so scharf und rein vervielfältiget werden kann, so ist diese Kunst bei grossen Auflagen von Volks- und Jugendschriften und ähnlichen Werken unentbehrlich; auch besitzt die Xylographie noch den bedeutenden Vortheil des wenig kostspieligen und schnellen Druckes auf den typographischen Pressen und zwar mit Lettern zugleich oder ohne dieselben. Die Zahl der Abdrücke wird durch vervielfältigte Platten unbeschränkt; man kann annehmen, dass jedes menschliche Wesen auf unserer Erdenrunde mit einem Abdrucke eines solchen Bildes betheilt werden könnte!

Der Holzschneidekunst in der Art und Weise des Abdruckes gleich, jedoch von derselben in der Ausführung bedeutend verschieden, sind die

Chemitypie und Galvanoglyphik.

Beide sind Erfindungen der letzten Jahre, beide wollten den Holzschnitt verdrängen und überflüssig machen und Beiden wird diess nicht gelingen, während selbe zu gewissen Arbeiten in radirter Manier, besonders auch zu Landkarten, Plänen, Guillochirungen, zum Nachahmen gestochener Schrift mit Vortheil verwendet werden können. Die Erstere arbeitet auf Zink, die Zeichnung wird in Aetzgrund radirt und geätzt; die geätzten Stellen werden hierauf mit flüssigem Metall ausgefüllt und hierauf die Platte abermals und stark durch Säure geätzt, wodurch die früher vertieften Striche der Zeichnung erhaben erscheinen und zum Abdrucke auf der Buchdruckerpresse — mit bedächtiger Anwendung der hiezu gehörigen Sorgfalt — geeignet sind. — Die Zweite, nämlich die Galvanoglyphik, erfordert ebenfalls das Radiren in Aetzgrund und nachheriges Aetzen; jedoch müssen hiebei die Striche der Zeichnung recht sein, d. h. bei einer Schrift z. B. so wie man schreibt, also nicht verkehrt. Die so gewonnenen, tiefliegenden Striche werden rein erhalten, hingegen der Grund der Platte durch allmäliges Auftragen von schnell trocknender Farbe theils mit Walzen, theils mit dem Pinsel immer höher und dadurch die Striche immer tiefer gestellt, bis endlich die ganze Platte als Matrize leitend gemacht und in den galvanischen Apparat zur Hervorbringung einer erhabenen Copie in galvanoplastischem Kupfer gebracht wird.— Letztere wird zum Drucke verwendet.

Beide hier genannten Fächer sind noch nicht lange in der Staatsdruckerei eingeführt, doch dürften sie bei den mannigfaltigen und verschiedenartigen Arbeiten der genannten Anstalt mit Vortheil in Anwendung kommen.

Nachdem wir nun Alles was zur Hervorbringung von Schrift sowohl, wie auch zu jener von Bildern für den Erhabendruck oder die typographische Presse erforderlich ist und in der Anstalt gepflegt wird, bewährt haben, wollen wir zur nächsten Verrichtung der Typographie, zur

Setzerei (3. und 2. Stock) schreiten.

Vier grosse Säle sind dieser höchst wichtigen Abtheilung der Technik gewidmet; der erste Saal (3. Stock) dient zur Herstellung aller Arbeiten in fremden Sprachen und zur Anfertigung ausgezeichneter Werke und Drucke; der zweite nicht minder grosse Saal (2. Stock) dient für den Satz des Reichsgesetzblattes in den dem österreichischen Staate eigenthümlichen Sprachen; der dritte Saal — welcher die beiden frühern an Ausdehnung übertrifft — und der vierte werden zur Ausführung des Satzes aller übrigen Arbeiten von der mannigfaltigsten Gestalt, Umfang und Eigenthümlichkeit verwendet. Besondere Aufmerksamkeit verdient die Ordnung, welche hier mit Strenge gehandhabt werden muss, um die Millionen verschiedenartiger Lettern — theils im Charakter, theils in der Grösse von einander abweichend — unvermischt zu erhalten, zur Benützung stets in Bereitschaft zu haben und jeden Augenblick was immer für eine Schrift und jeden einzelnen Theil derselben sogleich auffinden zu können. Nummern an jedem der vielen Tausenden von Schriftkästen und genau geführte Register erleichtern das Auffinden. Ruhe und Reinlichkeit sind zwei fernere Eigenschaften, die hier herrschen.

Allenthalben begegnen wir den Leitungsröhren von kaltem und warmem Wasser, von erwärmter Luft, von Gas und den Mündungen der Sprachröhren, die in dem Bureau des Directors zusammen, dann aber auslaufen in jedes einzelne dieser Locale. In jedem Saale ist ein Factor beschäftigt, die Arbeiten einzuleiten, die Ausführung zu überwachen und selbe ihrer allmäligen Vollendung zuzuführen. — Mehre Correctoren sind bemüht, die ersten Correcturen zu lesen, um den Satz von den Fehlern des Setzers zu reinigen, worauf erst ein zweiter verbesserter Abzug dem Autor zugesendet wird, wenn diess verlangt worden ist. Im entgegengesetzten Falle wird auch die zweite Correctur von der Anstalt besorgt, in beiden Fällen jedoch die dritte und letzte Corrector oder sogenannte Revision. Das Geschäft des Correctors ist ein höchst mühevolles und undankbares; man kann von seiner Arbeit nach Vollendung derselben nur dasjenige bemerken, was er allenfalls übersehen, aber nicht, was er verbessert hat. Langjährige technische Erfahrung muss sein Auge geübt und gestärkt haben, um die Fehler des Setzers, seien es nun solche der Unachtsamkeit oder solche des Zufalles, alsogleich zu erkennen und zu verbessern. Verstösse gegen einen guten und schönen Satz, gegen die Rechtschreibung und richtige Interpunctationen müssen eben so gerügt werden wie Buchstabenfehler und solche gegen den Sinn des Satzes. Ein fleissiger, aufmerksamer und gebildeter Setzer kann und soll die Arbeit des Correctors erleichtern. Setzer und Corrector sollen in fortschreitender, immerwährender Bildung begriffen sein; zur Ausführung von Werken in fremden Idiomen ist eine gewisse Kenntniss des Baues der betreffenden Sprache unumgänglich nothwendig; während wieder zur Ausführung von sogenannten Accidenz - Arbeiten — von Tabellen, von musikalischen und mathematischen Werken die höchste technische Vollendung, — für orientalische Sprachen aber beides zugleich erfordert wird. Eine Kenntniss der Kalligraphie und der Schreibweise jener Völker ist — z. B. im Türkischen, Arabischen, Persischen etc. unumgänglich nothwendig. — Solche Gründe haben auch den jetzigen Vorstand der Anstalt bewogen, in den Jahren 1846 und 1847 von tüchtigen Sprach - Lehrern Vorträge in mehren europäischen und orientalischen, so wie über mehre, die Technik und allgemeine Bildung berührende Fächer halten zu lassen, an welchen Vorträgen viele Mitglieder der Anstalt sowohl wie Zöglinge derselben Theil nahmen; die Früchte derselben sind in den Arbeiten der Staatsdruckerei niedergelegt, da nunmehr die Anstalt auf dem Puncte angelangt ist, für jedes Fach und für jede Arbeit taugliche und gebildete Individuen zu besitzen. Die Stürme der Jahre 1848 und 1849, und die darauf folgende Ueberhäufung an Arbeit hat wohl die Fortsetzung dieser Vorträge vereitelt, aber die Ergebnisse der vorhergehenden Bestrebungen sind grossentheils geblieben und werden sich hoffentlich noch lange fortpflanzen.

Bei dieser Gelegenheit sei auch hier erwähnt, dass seit mehren Jahren nach und nach eine auserlesene Bibliothek von Werken angeschafft wurde, die für die Staatsdruckerei besonderes Interesse bieten. Hieher gehören eine grosse Sammlung von Wörterbüchern der Sprachen und anderen Wissenschaften, von Grammatiken, von technischen Werken über alle graphischen Künste und überhaupt zur Bildung des menschlichen Geistes; eine seltene und reiche Sammlung aller Schriftproben des Erdkreises, und eine höchst interessante Auswahl von Werken und einzelnen Kunstblättern aller Länder und Zeiten, welche in technischer Beziehung merkwürdig und mustergiltig sind.

Man verzeihe uns diese etwas längere Abschweifung bei der Beschreibung derjenigen Werkstätte, wo der Geist des Autors in zwar todten, aber auf das Erkennungsvermögen des ersten Lesers — des Setzers — lebendig wirkenden Buchstaben wiedergegeben werden soll. Wir müssen zu dem ferneren Geschäftsgange zurückkehren, und bemerken, dass das Original der durch den Setzer und Corrector vollendeten Arbeit dem Oberfactor übergeben, von diesem eine Anschaffung für die in Qualität und Quantität richtig gestellte Papiermenge ausgestellt und zum Drucke befördert wird.

Je nachdem die Arbeit mehr oder weniger sorgfältig ausgeführt werden soll, je nachdem eine grössere oder geringere Anzahl von Abdrükken gefordert wird, wird solche entweder zum Drucke mit Handpressen, oder mit Druckmaschinen bestimmt. Der Drucker oder Maschinmeister empfängt die Anweisung, holt sich das auf demselben angegebene Papier aus dem Papierlager und sorgt für das Feuchten oder Netzen desselben, welches zwölf oder gewöhnlich vier und zwanzig Stunden vor dem Drucken geschieht. Durch das Feuchten wird das Papier geschmeidiger und nimmt die Farbe williger an; zu nasses Papier würde die Farbe abstossen, zu trockenes die Farbe nicht aufnehmen; die Erfahrung gibt daher dem Drucker die Richtschnur, ob er sein Papier mehr oder weniger zu feuchten hat, welches wieder durch die Qualität desselben bedingt wird. — Diess gilt natürlich im Allgemeinen; Ausnahmen von der Regel gibt es überall, folglich auch hier.

Man soll die Eigenschaften eines guten Druckers nicht gering achten, wie man so gerne zu thun bereit ist; Erfahrung und eine gewisse Geschicklichkeit, die sich zu helfen weiss, sind hiezu durchaus erforderlich. Abgesehen davon, dass er die Eigenheiten seiner Presse genau kennen und für das zweckmässige Vorrichten des Papiers sorgen muss, muss er die Consistenz seiner Farbewalzen und die tauglichste Qualität seiner Druckfarbe auszuwählen verstehen, sein hauptsächlichstes Augenmerk aber auf das sogenannte Zurichten seiner Arbeit richten. Dasselbe besteht in dem Austheilen des Papierraumes zwischen und ringsum der gesetzten Columnen oder Seiten; in dem Registerhalten oder in dem genauen Passen und Zutreffen der einen gedruckten Seite des Bogens auf die andere; besonders aber in dem Unterlegen derjenigen Stellen des Papiers, die es erheischen, damit die Buchstaben, die Verzierungen oder die Striche einer Zeichnung so im Abdrucke erscheinen, wie der Künstler es wünscht.

Nachdem die leeren Räume des Satzes, welche auf dem Papier weiss erscheinen, ausgefüllt sind, wird eine Seite eines ganzen Bogens in einer eisernen Rahme derart festgeschlossen, dass sich kein Theil des Satzes bewegen oder herausfallen kann. Hierauf wird die so geschlossene Form durch heisse Lauge gereiniget und in die Presse oder Maschine gebracht, wo selbe zugerichtet wird, wie oben berührt wurde. Hierauf werden zwei Abzüge gemacht; der Eine für den Revidenten, welcher sich von der richtigen Correctur aller zuletzt ausgezeichneten Fehler überzeugt und überhaupt nochmal nachsieht, ob Alles in der Ordnung ist und keine neuen Unrichtigkeiten sich eingeschlichen haben, — der Andere für den Drucker selbst, um sich von dem Erfolge seiner Zurichtung zu überzeugen und das Fehlende noch zu ergänzen oder hie und da nachzuhelfen.

Ist Beides vollendet, wird endlich noch ein sogenannter Nachsehebogen zur Ueberzeugung von der richtigen Verbesserung der in der

Revision bezeichneten Anstände gemacht und dann fortgedruckt.

Ein grosser Saal ist für die Handpressen im I. Stockwerke, drei Säle zu ebener Erde sind für die Druckmaschinen bestimmt, welch letztere durch Dampf getrieben werden, dessen bewegende Kraft in unterirdischen Canälen fortgepflanzt und an den geeigneten Stellen durch starke Riemen mit den Maschinen in Verbindung gebracht ist. Je nachdem die Arbeit beschaffen, werden auf einer eisernen Handpresse 800 bis 2000 Abdrücke in zehn Arbeitsstunden geliefert, während eine einfache Druckmaschine 1000 per Stunde, folglich eine doppelte 2000, und eine vierfache beinahe 4000 in einer Stunde druckt. Es sind Maschinen verschiedenen Formates und verschiedener Leistungsfähigkeit vorhanden; es gibt deren — wie schon erwähnt — von ganz einfacher Construction; es gibt deren, die von einer Form während der Hin- und Rückbewegung zwei Bögen abdrucken; es gibt solche, die zwei Bögen neben einander, und solche, die zwei Bögen mit der einen und zwei Bögen mit der Rückbewegung abdrucken. Die Bauart der Maschinen ist überhaupt sehr verschieden und in steter fortschreitender Entwickelung begriffen; sie richtet sich auch nach dem Bedarf, dem Format und den Bedingnissen an Zeit und Raum, welchen gewisse Arbeiten erheischen.

An jeder Schnellpresse ist eine Zählmaschine angebracht, welche die Anzahl der gedruckten Bogen controllirt. Da im Ganzen 46 Schnellpressen, und alle zum Drucke von 2 Bogen eingerichtet sind, so werden in einer Stunde pr. 1000 Abdrücke 88.000 Bogen auf einer Seite bedruckt, folglich kommen auf jede Minute 1500 Abdrücke. Durch einen Wink des Oberleiters können alle Maschinen stehen bleiben, wenn die Noth es erfordert. Für jede Secunde aber entziffert sich der unersetzliche Verlust.

Ist die bestellte Anzahl von Exemplaren von der Satzform abgedruckt, so wird selbe aus der Presse oder Maschine gehoben und in die Waschküche gebracht, allwo sich auch die Vorrichtungen zum Feuchten des Papiers und zum Giessen der erforderlichen Farbewalzen befinden. Ersteres geschieht auf langen steinernen Tischen, welche das überflüssige Wasser ablaufen lassen; die Gallerte für die Farbewalzen aber — Leim und Syrup in eigenthümlichen Verhältnissen mit einigen Zusätzen — wird in blechernen Kesseln im Wasserbade gekocht, geseiht und hierauf in metallene Formen gegossen, wo selbe nach einiger Zeit erstarren und die gewünschte elastische Consistenz annehmen, in welcher sie durch die Pflege des Druckers erhalten werden müssen, bis sie nach mehren Wochen oder Monaten zu Grunde gehen, d. h. ihre praktischen Eigenschaften verlieren, und entweder wieder umgeschmolzen oder ganz beseitiget werden.

Das Waschen der ausgedruckten Formen wird in grossen kupfernen Behältern vorgenommen, an deren Bodenfläche sich in hin- und zurücklaufenden Windungen kupferne Röhren befinden, durch welche beständig heisser Dampf streicht. Ein grosses durchlöchertes Fundament kann mittelst einer Winde und Kette in den Behälter gesenkt oder aus demselben herausgezogen werden. Auf dieses Fundament werden nun die ausgedruckten Formen gelegt, in die heisse Lauge versenkt und der Behälter mit dem Deckel geschlossen. Nach wenigen Minuten ist die auf der Schrift haftende Farbe erweicht, welche hierauf mit Hilfe einer Bürste gänzlich entfernt wird. Die herausgenommene Form wird endlich noch mit lauem Wasser, das alles die Dampfmaschine liefert, abgespult, und entweder dem Setzer übergeben, welcher sie wieder aus einander nimmt und ablegt, um einen neuen Satz daraus zu bilden, oder auch nach dem Aufbewahrungsort der Letternvorräthe gebracht.

Lettern aller Art, Verzierungsgegenstände, Tabellenlinien und die verschiedenen Arten von grosser und kleiner Ausschliessung werden hier sortirt und aufbewahrt in dem Falle, wenn das betreffende Werk zu Ende ist, oder wenn überhaupt diese Sorten nicht alsogleich wieder in Verwendung kommen. Aber auch ganze Formen und einzelne Theile derselben, z. B. Tabellenköpfe u. dgl. werden hier aufbewahrt und ein genaues Verzeichniss in strengster Ordnung geführt, welchem Verzeichnisse ein nummerirtes Formularien-Buch entspricht, das in einem Abdrucke den aufbewahrten Gegenstand dem Auge des Suchenden ersichtlich macht. So sind viele Hunderte von Formen zur Benützung hauptsächlich darum vorbereitet, um erforderlichen Falles irgend eine Bestellung in kürzester Zeit ausführen zu können. Aus eben diesem Grunde steht der ganze Satz vom Staats-Handbuch und vom Militär-Schematismus, wie auch ein grosser Theil der österreichischen Handels-Tabellen und der allgemeinen Statistik, welche alljährlich wiederkehren, in welchem Falle nur der Satz nach den eingetretenen Veränderungen umgestaltet zu werden braucht, wodurch gewöhnlich binnen kurzer Zeit dasjenige erreicht wird, wozu man sonst die dreifache Zeit gebraucht hätte.

Sätze hingegen, welche unverändert des Jahres mehre Male zum Drucke gelangen, werden stereotypirt, und die Platten derselben nach dem Drucke jeder Auflage hieher abgeliefert. — 50000 Pfund Lettern-Materiale ist hier gewöhnlich vereinigt.

Wie der Satz nach vollendetem Drucke an den hier so eben bezeichneten Orten in andere Hände übergeht, eben so gelangt die Auflage oder die bedruckten Bögen aus der Hand des Druckers oder des Maschinmeisters in ein anderes Locale, und zwar in die Trockenanstalt. Dieselbe ist erst in neuester Zeit zu diesem Zwecke bestimmt worden, und so eigenthümlich aber zweckmässig eingerichtet, dass kaum irgend eine Druckerei der Welt eine bessere Vorrichtung für diesen Zweck besitzen dürfte. Dieselbe gewährt in ihrem Innern den Anblick einer kleinen Kirche: sie ist nämlich zwischen zwei hohen Gebäuden gelegen, mit Mauern, mehren Fenstern und einem Dache von Eisen und Glas versehen, drei Stockwerke hoch, ringsherum an den Wänden mit Gallerien versehen, die wieder durch Brücken mit einander verbunden sind. Durch Oeffnungen am Fussboden dieses Locales dringt die überflüssige, dem darunter befindlichen Dampfkessel entströmende Hitze in das Locale, welche Hitze noch dadurch vermehrt wird, dass der Rauchfang der Dampfmaschine, welcher ebenfalls durch diesen Raum passirt, an mehren Orten abgesperrt und hiedurch genöthigt ist, seinen Rauch auf Umwegen durch Röhre streichen zu lassen, welche hier angebracht und bestimmt sind, dem Rauche die mitgeführte Wärme zu entziehen. Viele Schichten neben einander gespannter Schnüre dienen zum Aufhängen des bedruckten Papiers, welches auf gewöhnliche Weise in mehren Lagen mittelst hölzerner Kreuze geschieht. Die angebrachten Gallerien und Brücken erleichtern diess Geschäft. Die Menge des hier unterzubringenden Papiers ist ausserordentlich, das Trocknen desselben sehr schnell und allen Anforderungen entsprechend!

Das schöne Aussehen oder die Zurichtung (Appretur) des Papiers, welches durch das Feuchten und Bedrucken desselben verloren ward, muss wieder hergestellt werden, und diess geschieht durch das **Glätten und Glänzen** (Satiniren). Ersteres geschieht, indem jeder einzelne bedruckte Bogen zwischen geglänzte Kartendeckel gelegt, und so nach und nach Päcke von vier bis fünf Fuss Höhe gebildet werden. In der Mitte des Locales selbst befindet sich eine hydraulische Presse von 80000 Pfund Kraft; durch die Presse selbst und an beiden Seiten derselben läuft eine Eisenbahn, auf welcher sich Rollwagen, und auf diesen die obenbeschriebenen Päcke sich befinden. Hierauf wird Einer derselben unter die Presse gerollt und mittelst der Wasserpumpe fest eingepresst; vier eiserne Klammern werden nun an zwei Seiten des zusammengepressten Packes mittelst Haken und Oehren, deren Distanz veränderlich, derart eingehängt, dass sie im Stande sind, die Päcke im gepressten Zustande zu erhalten, wenn Letztere nach geöffneter Presse auf der Eisenbahn an der entgegengesetzten Seite hinaus gerollt werden. Da jeder Pack wenigstens mehre Stunden — gewöhnlich aber über Nacht, im gepressten Zustande zubringen muss, so wird auf diese Weise hier dasjenige bewirkt, was man sonst nur mit zehn und mehr Pressen bewirken könnte. Nach gehörig verstrichener Frist werden die Päcke wieder in die Presse gebracht, etwas zugepresst, die Haken ausgelöst und auf die andere oder erste

Seite der Eisenbahn gebracht, wo die nun gepressten Arbeiten ausgelegt, die Kartendeckel gereiniget — wenn es nothwendig ist — oder alsogleich wieder andere Arbeiten eingelegt werden u. s. w.

Das Glänzen oder Satiniren geschieht auf andere Weise, wird aber nur — da es umständlicher ist — bei schöneren und werthvolleren Arbeiten in Anwendung gebracht. Zu diesem Behufe dienen eigene Satiniroder Kupferdruckpressen, welche durch Dampf getrieben werden und aus zwei harten eisernen Cylindern bestehen, deren Einer durch die bewegende Kraft gedreht wird, und daher genöthigt ist, den Anderen mit fortzuziehen, wenn Beide fest an einander gedrückt sind. Zwischen beiden Cylindern befindet sich eine polirte Metallplatte — Stahl oder Kupfer, gewöhnlich aber Zink — auf welche die bedruckte Seite des Papiers und hierauf ein sogenannter Saugdeckel gelegt wird. Wird nun die Maschine in Bewegung gesetzt, so geräth die Metallplatte mit dem darauf befindlichen Papiere zwischen die Cylinder, wodurch sich der Glanz der Ersteren gleichsam auf dem Papiere abdruckt oder demselben mittheilt. Ist das Papier auf beiden Seiten gedruckt, so muss selbes zweimal satinirt werden; man kürzt ferner die Arbeit häufig dadurch ab, dass sechs bis zehn und mehr Zinkplatten mit dazwischen befindlichen Papieren auf Einmal durch die Cylinder gezogen werden. Auch wird das Papier in gewissen Fällen vor dem Drucke satinirt, oder auch vor und nach dem Drucke, je nachdem es gefordert und gewünscht wird.

Die getrockneten und geglätteten oder geglänzten Arbeiten werden hierauf dem Buchbinder, oder auch alsogleich dem Expedite übergeben, welch Letzteres jedoch selten der Fall ist. Gewöhnlich gelangen sie in die Buchbinderei, woselbst die Papiere entweder beschnitten und zerschnitten, oder gefalzt und gebunden werden. Dass die hier geforderten Arbeiten sehr verschiedenartig sind, dass sie sich unbedingt dem Bedarfe zu fügen haben, dass die einfachsten Buchbinderarbeiten, wie der vollendetste Lederband gefordert wird, versteht sich von selbst. Zahlreiche und praktische Hilfsmaschinen zum Pressen, Hobeln, Leimen und Durchschlagen müssen so viel möglich die Arbeit erleichtern und fördern helfen.

Das Expedit ist der Ausgangsort aller fertigen Arbeiten, seien selbe nun durch die Hände des Buchbinders gegangen oder nicht; selbe werden hier nochmals gezählt, revidirt und protokollirt, hierauf gepackt und — begleitet mit dem Lieferscheine des Oberfactors — an den Besteller abgeliefert, welcher den richtigen Empfang auf dem Duplicate des Lieferscheines schriftlich zu bestätigen hat. Diese schriftlichen Bestätigungen werden an die Rechnungskanzlei abgeliefert, welche Satz, Druck, Papier, Buchbinderarbeit u. s. w. nach ihren gegebenen Vorschriften zu berechnen, und die richtig gestellten Rechnungen seiner Zeit — monatlich oder vierteljährig — an die betreffenden Orte zu leiten hat.

Das Reichsgesetz-Expedit ist ausschliessend für eine derjenigen Arbeiten bestimmt, die dem Umfange nach zu den bedeutenderen der Staatsdruckerei gehören; die Absonderung dieses Zweiges erschien um so nothwendiger, als das Reichsgesetzblatt nicht in ganzer Auflage expedirt, sondern in höchst verschiedener Anzahl von Exemplaren gepackt, gesiegelt, mit Adressen versehen und über alle Theile des ausgedehnten Kaiserreiches an die hiezu Berechtigten durch die Post versendet wird.

Oft geschehen briefliche Anfragen oder Veränderungen von Behörden, auf deren Erstere geantwortet, deren Letztere berücksichtiget werden müssen. Die genaueste Pünctlichkeit ist daher auch bei diesem Geschäfte erforderlich. Seit Beginn des Reichsgesetzblattes im November 1848 wurden davon circa 60,000.000 Bogen in 10,286.408 Exemplaren gedruckt, davon für

Nieder- und Ober-Oesterreich und Salzburg	1,692.370
Böhmen	2,381.385
Mähren	1,065.152
Istrien und Küstenland	213.853
Dalmatien	313.790
Galizien und Bukowina	1,525.910
Italien	739.349
Tirol	322.540
Siebenbürgen	509.132
Ungarn	173.590
Steiermark	614.265
Kärnthen und Krain	735.072

Exemplare. Das Uebrige gehört zum Verkauf.

Das Publikum selbst kann dieses Organ der Gesetze in Wien im Verschleisse der Staatsdruckerei, in den Kronländern durch alle soliden Buchhandlungen beziehen.

Der Verschleiss der Staatsdruckerei bildet eine theilweise Einnahmsquelle, ungeachtet die Verlagsartikel fast um die Erzeugungspreise verkauft werden. Wer sich übrigens noch der Kundmachungen im Jahre 1848, und der Gesetz-Veröffentlichungen, dann der Nachrichten vom Kriegsschauplatze im Jahre 1849 erinnert, der wird zugeben, dass alle Kräfte der Staatsdruckerei dazu gehörten, den Anforderungen des Publikums einiger Massen zu genügen. Die Anzahl der Exemplare wurde eben so schnell abgesetzt, als sie gedruckt wurden; mehre Doppelpressen konnten kaum genügen; der Andrang des Publikums war zwar sehr gross, doch wurden fast Alle befriediget und keine auffallende Störung der Ordnung trat ein.

Das Papierlager, welches sowohl die Staatsdruckerei selbst mit allen Sorten von Papieren zu versehen hat, wie auch noch die meisten Aemter und Behörden, hat besonders im Jahre 1850 alle Anstrengungen aufbieten müssen, um den an dasselbe gestellten Anforderungen so viel als möglich zu entsprechen. Diess war darum so schwierig, weil aller Vorrath früher verbraucht, die geforderten Mengen immer grösser, das Papier auf hiesigem Platze aber immer weniger und theurer wurde. Der Mangel an Materiale (Hadern) hinderte die Fabriken, unausgesetzt in gewünschter Ausdehnung arbeiten zu können, und so wurde endlich die Staatsdruckerei sogar genöthigt, einen Theil ihres Bedarfes aus dem Auslande zu beziehen, nachdem vorher schon sämmtliche Fabriken bis an die östlichste Grenze des Kaiserreiches in Requisition gesetzt worden waren. Bedeutende Störungen sind nicht vorgefallen, die Energie der Direction hat es verhindert; doch wurde diess hier angeführt, um zu zeigen, wie ein oft dem Auge des Uneingeweihten gering scheinender Theil eines Geschäftes so vielfältige Anstrengung und Aufmerksamkeit erfordert.

Es sind in den vorliegenden Blättern alle Arbeiten aufgezählt und beschrieben worden, die zur Ausführung einer typographischen Arbeit gehören und welche sich alle in der in Rede stehenden Anstalt vereiniget finden. Es befinden sich jedoch daselbst noch viele andere graphische Kunstzweige, deren Arbeiten zwar einen ähnlichen Geschäftsgang zu durchlaufen haben, deren Ausführung aber bedeutend, und schon in den Grundprinzipien von jener in der Typographie abweicht. Wir wollten nur den Ideengang des Lesers nicht stören und ihn von der Verfolgung der Arbeit von ihrem Eintritt in die Anstalt bis zu deren Ablieferung nicht abhalten.

Der Typographie in ihrer Technik ist das Kupferstechen mit seinen verschiedenen Manieren, und folglich auch die Kupferdruckerei gerade entgegengesetzt; bei Ersterer ist die Druckfarbe leicht und geeignet, auf der Oberfläche der erhabenen, freistehenden Striche des Buchstabens oder der Zeichnung haften zu bleiben, während selbe bei Letzterer schwerer und leichtflüssiger sein muss, um in die vertieften Striche der Zeichnung oder Schrift hineingewischt werden zu können, worauf die Oberfläche der Platte von aller überflüssigen Farbe gereiniget und blank erhalten werden muss. Der Stich selbst wird von ausgezeichneten Künstlern ausgeführt, deren die Staatsdruckerei seit einigen Jahren mehre beschäftigt, und zwar auf Stahl wie auf Kupfer, doch wird Letzteres der Leichtigkeit wegen, mit welcher der Künstler darin arbeiten kann, hauptsächlich aber wegen der hier so nützlichen Anwendung der Galvanoplastik, die unzählige, dem Originale vollkommen gleiche Copien liefert, dem Ersteren gewöhnlich vorgezogen. — Die meisten Kupferdruckpressen, welche die Anstalt besitzt, sind mit der Anfertigung der neuen Reichsschatzscheine beschäftiget. Die Pressen sind durchaus von Eisen construirt, und werden durch die Dampfmaschine in Bewegung gesetzt; und zwar von der Decke des Saales aus mittelst Riemen, die zur Presse herabsteigen, das Triebrad umschlingen und wieder zurückkehren, um wieder zu kommen. Einen eigenthümlichen Anblick gewährt daher dieser Saal dem Beschauenden! Zwanzig Pressen in voller Thätigkeit, eng aneinander gerückt, jede derselben mit vier Personen besetzt, die sich auf dem kleinen Raum mit ruhiger Gemessenheit bewegen!

Die Anwendung der **Galvanoplastik** ist seit ihrer Einführung daselbst gleichsam mit der Anstalt gewachsen, sie hat sich mit derselben ausgedehnt und verbreitet, und ist endlich durch und für dieselbe unentbehrlich geworden. Anfangs in kleinen und unscheinbaren Apparaten, verketzert und angefeindet, gehörte alle Liebe für die Sache selbst dazu, um auszuharren, bis sich deren Anwendbarkeit allmälig bewährte. Da es sich hier um kein blosses Schaustück, sondern um ein praktisch verwendbares Product handelte, welche Glühhitze ohne zu blättern und den stärksten Druck in Buchdrucker- und Cylindrir-Pressen ohne Veränderung auszuhalten hatte, so war deren Aufgabe keine geringe.

Die Galvanoplastik in ihrer Verwendung in der Staatsdruckerei ist eines der interessantesten Ergebnisse wissenschaftlicher Forschung mit technischer Practik. Der hydroelektrische Strom, gleichsam ein Funke des Fluidums, mit welchem die zeugende Kraft des Weltalls wirkt — ein Bestandtheil unserer eigenen Lebenskraft — ein Geschwisterkind der Reibungs-Elektricität, des mineralischen und animalischen Magnetismus — besitzt so auffallende und verschiedenartige Wirkungen, dass die Erforschung derselben noch die Arbeit mehrer Menschenalter in Anspruch nehmen dürfte. Er verleiht Anziehungskraft, indem er Eisen magnetisch macht, und bringt doch den Compass aus seiner Richtung nach Norden; er entwickelt Wärme und Licht, aus Metall und Kohle, und ist schneller als der Blitz — im Telegraphen; er weckt schlummernde Lebenskräfte im menschlichen Körper und zersetzt Wasser in seine Bestandtheile. Eine seiner vorzüglichsten Eigenschaften aber, Metalle aus ihren Lösungen in fester Form niederzuschlagen, wird in der Galvanoplastik benützt und ausgebeutet. Es ist ein der Natur abgelauschtes Verfahren, Metalle wachsen zu machen, aber eben weil sie wachsen, können solche Metallformen nicht mit der Geschwindigkeit einer Prägepresse erzeugt werden; dieses Wachsen muss geleitet, gepflegt, überwacht werden. Wer hätte vor dreissig Jahren zugegeben, dass man über einen Gegenstand von weichem Metall, von Holz oder Harzsubstanzen eine Form von Kupfer machen könne! Dass der abzuformende Gegenstand dieser Mühe werth sein muss, bedarf keiner Erwähnung.

Die galvanoplastische Abtheilung der Staatsdruckerei arbeitet gegenwärtig für mehre Geschäftszweige derselben, nämlich:

1. Für die Schriftgiesserei durch Erzeugung von Hohlformen oder Matrizen.

2. Für die Buchdruckerei, indem sie ihr Copien von Holzschnitten, Verzierungsgegenständen, ja selbst Stereotypen liefert.

3. Für die Kupferdruckerei, welcher sie unzählige Copien von gestochenen Platten bietet, die auf andere Weise nicht erzeugt werden könnten; endlich

4. Dient selbe dem Kunst- und Alterthumsfreunde durch Copien von seltenen und ausgezeichneten Werken der Plastik und Sculptur.

Kupferne Matrizen konnten bisher nur gewonnen werden, wenn stählerne Stämpel vorhanden waren, womit erstere geschlagen oder geprägt wurden; diess geschieht zwar noch, doch gibt es sehr viele Fälle, wo wegen Mangel an Zeit, oder wegen Umfang der Arbeit oder wegen eigenthümlicher Ausführung derselben diess nicht geschehen kann, und doch benöthigt man zur Vervielfältigung des ersten Productes eine Hohlform oder Matrize, in welche entweder wieder Kupfer niedergeschlagen, oder welche auch zum Klatschen in Schriftzeug verwendet werden kann. Ist das Original von Metall, z. B. von Schriftzeug oder Messing, so wird selbes durch einen hauchartigen Ueberzug vor dem Angegriffenwerden durch die Lösung geschützt; ist selbes von einer nichtmetallischen Substanz, so wird es metallisch oder leitend gemacht; in beiden Fällen wird es mit metallischer Leitung versehen, in den Apparat gebracht und dahin gewirkt, dass sich das aus seiner Lösung scheidende Metall (hier Kupfer) in gediegener Consistenz nur da anwächst, wo es anwachsen soll. Je nach der Stärke der Copie, die man zu erhalten wünscht, muss dieses Verfahren zehn bis zwanzig Tage, auch oft noch länger mit aller Sorgfalt fortgesetzt werden.

Die Anwendung der Galvanoplastik für die Buchdruckerpresse erklärt sich schon aus Vorstehendem; es darf nur das Verfahren wiederholt, und in die gewonnene Hohlform auf dieselbe Weise Kupfer niedergeschlagen werden, um eine zweite Copie zu erhalten, deren erhabene Zeichnung an Schärfe dem ersten Originale nicht im Mindesten nachsteht. Um jedoch das Verfahren um die Hälfte abzukürzen, erzeugt man zu diesem Zwecke Hohlformen aus verschiedenen andern Massen, und in neuester Zeit hauptsächlich aus Gutta Percha, welche im erweichten Zustande die zartesten Eindrücke aufnimmt und behält. Derlei Formen werden dann mit Silber leitend gemacht, und im galvanischen Apparate auf gewöhnliche Weise copirt. Besonders vortheilhaft erscheint dieses Verfahren beim Vervielfältigen von Holzschnitten, deren Copien durch Kupfer in voller Reinheit und Schärfe wiedergegeben, eine bedeutende Anzahl von Abdrücken erlauben.

Das Vervielfältigen von gestochenen Kupferplatten möchte man nach der Erfindung des Stahlstiches in oberflächlicher Anschauungsweise für überflüssig halten; doch ist dem nicht so. Wohl gewährt der Stahlstich eine sehr bedeutende Menge guter Abdrücke, doch müssen derlei Abdrücke — da man nur eine Platte besitzt — einzeln gemacht werden, was bei kleineren Gegenständen, z. B. bei Banknoten, nicht praktisch ist, abgesehen davon, dass endlich auch eine gestochene Stahlplatte dahin gebracht wird, keine guten Abdrücke mehr zu geben. Man kennt bisher kein Mittel, eine gestochene Stahlplatte in der Grösse eines Octavblattes mit ringsum geschlossener Zeichnung auf irgend eine mechanische Weise, z. B. durch Prägung, zu vervielfältigen, denn die zu diesem Zwecke verwendete Transfère-Maschine trägt — da die Grösse ihrer Cylinder beschränkt ist — die gegebene Zeichnung nur in einzelnen Theilen auf die zweite Platte über, kann daher für Platten mit geschlossenem Bilde von gewisser Grösse nicht mehr verwendet werden.

Obwohl auch schon früher an hiesiger Anstalt zeitweise gestochene Kupferplatten durch Galvanoplastik vervielfältiget wurden, so war es doch hauptsächlich die Herausgabe der Reichsschatzscheine, welche die Vervielfältigungsweise besonders in Anspruch nahm. Die Zeichnung wird einmal mit dem Aufwande aller Kunstmittel gravirt, und kein Künstler, selbst derjenige nicht, welcher die Platte gemacht, wäre im Stande, letztere vollkommen genau noch einmal wieder zu geben; die Galvanoplastik aber kann es! Die Originalplatte wird nun entweder vier, oder wenn sie klein ist, auch acht Mal copirt, und diese vier oder acht Platten derart zusammen gelöthet, dass sie gleichsam eine Platte, und zwar in erhabener Manier, bilden. Diese Hochplatten dienen nun als Patrizen, und werden fortwährend dazu benützt, so viele Tief- oder eigentliche Druckplatten zu gewinnen, als man nur immer benöthiget. Gewöhnlich werden durch die Kupferdruckpresse dreitausend vollkommen gute Abdrücke von einer solchen Tiefplatte abgezogen, und dann wieder eine neue in Verwendung genommen. Die Angaben in der statistischen Uebersicht über das erzeugte Kupfer-Quantum und über die Consumtion in der Galvanoplastik werden nunmehr nicht befremden, sondern vollkommen begründet erscheinen.

Die Vervielfältigung plastischer Werke der Kunst und des Alterthums ist so weitgreifend, muss aber mit solch hoher Achtung der göttlichen Kunst, mit solchem Verständniss der grauen Vorzeit und ihrer Schöpfungen, mit solch thätiger Liebe und Ausdauer unternommen werden, dass hier die Anwendung der Galvanoplastik zwar eine dankbare, aber auch ihres Umfanges wie der technischen Schwierigkeit wegen grossartige Aufgabe zu erfüllen hätte. Der Anfang ist hier geboten, möge er Theilnahme finden!

Eine Tochter der Galvanoplastik, die Galvanographie, beurkundet neuerdings die alte Erfahrung, dass eine Erfindung eine zweite nach sich zieht, dass ein Fortschritt einen zweiten und dritten praktischen Vortheil hervorruft. Obwohl noch jung, hat doch die Galvanographie schon Uneinigkeit unter ihre Kunstbeflissenen gebracht, welche auf zweierlei Wegen zu einem gelungenen Resultate streben. Die Einen benützen mehr die Mittel der Kupferstecherkunst, und machen zuerst eine Tiefplatte mittelst Radiren, Schabton, Aquatint-Korn und mit der Roulette; auf der hievon abgenommenen galvanoplastischen Hochplatte vollenden sie nun das Bild, mit Kreide, Tusch, Schaber und Polirstahl, erzeugen dann wieder eine Tiefplatte, welche — nachdem noch allenfalls in einigen Schattenpartien nachgeholfen wurde — in die Presse zum Abdrucke gelangt. — Die Anderen bedienen sich einer noch kürzeren und freieren Manier; sie tuschen gleichsam mit dem Pinsel und Metalloxydfarben die Zeichnung auf die Platte, von welcher eine Tiefplatte abgenommen wird. Die tiefsten Schatten und alle Kraftstellen werden hierauf nach Erforderniss auf bekannte Weise ausgeführt und dann die Platte zum Drucke befördert. Man kann in ersterer Manier viel Aehnlichkeit mit einer lithographischen Kreidezeichnung erkennen, während letztere ganz eigenthümlich auftritt und dem Künstler mehr Freiheit der Bewegung gestattet. Beide Manieren verdienen aber ermuntert und gepflegt zu werden, und scheinen besonders in Fällen, in welchen ein angenehmes Bild schnell und ohne grosse Kosten hergestellt werden soll, mit Vortheil angewendet werden zu können.

Wie der Führer in den weit gedehnten, mannigfach verbundenen, belebten, erwärmten und beleuchteten Localitäten der Staatsdruckerei die physische Kraft und Ausdauer der Besuchenden in Anspruch zu nehmen genöthiget ist, so müssen wir die intellectuelle Aufmerksamkeit des Lesers zu gewinnen suchen, um die vielseitigen, aber höchst anziehenden Verrichtungen der graphischen Künste wenigstens in allgemeinen Umrissen klar und verständlich zu machen, denn nur durch ein solches Verständniss dürfte erst die ausgezeichnete Wirksamkeit dieses Institutes zu erkennen und zu würdigen möglich sein.

Wir gelangen jetzt zur Beschreibung eines Druckverfahrens, welches in seinen Grundprincipien von allen bisher beschriebenen abweicht, nämlich zum chemischen Drucke, oder wie man gewöhnlich zu sagen pflegt, zur Lithographie. Der Stein ist nur dasjenige Material, welches für diese Druckmanier bisher am zweckdienlichsten in der Behandlung sich erwiesen hat, doch könnte selbe recht gut auch auf Zink, Kupfer u. s. w. angewendet werden, wie es auch theilweise schon geschehen ist. Die Wesenheit der Sache besteht darin, die Platte so herzustellen, dass nur die Linien der Zeichnung die Druckfarbe annehmen oder eine gewisse Verwandtschaft und Anziehungskraft zu derselben besitzen, d. h. **fett** sind; während alle nicht gezeichneten Stellen der Platte die Farbe abstossen oder eine der Farbe entgegengesetzte Eigenschaft besitzen, d. h. **sauer** sind, welches man gewöhnlich **präparirt** nennt. — Die Manieren des chemischen Druckes sind ausserordentlich mannigfach; man kann mit dem Diamant und der Nadel graviren, mit Feder oder Kreide zeichnen, oder auch nur Umdrucke machen von Zeichnung und Schrift, immer treten obige zwei Hauptbedingungen ein, die nur auf verschiedene Art zu erreichen, auf mehr oder weniger zarte Weise auszuführen sind.

In Fällen, in welchen Schnelligkeit der Expedition bedingt und die Anzahl der nöthigen Abdrücke nicht zu bedeutend ist, leistet der lithographische Umdruck sehr gute Dienste; und wird daher auch von den meisten Aemtern und Stellen in ausgedehnter Weise benützt. Ein Beamter desjenigen Bureaus, von welchem irgend eine Notification hinausgehen soll, schreibt mit chemischer Tinte den Text derselben auf gewöhnliches Papier, schickt selbes mit der Bestimmung der Auflage an die Anstalt, wo das Original alsogleich auf Stein übergedruckt, präparirt und in der Regel binnen wenigen Stunden die bestellte Anzahl von Abdrücken hergestellt und abgeliefert wird. Ausserdem befinden sich aber noch in den Localitäten der meisten Ministerien eigene Steindruckpressen mit geübten Leuten, welche besonders geheime oder an Zeit dringliche Arbeiten dieser Art gleich neben dem Bureau des dirigirenden Chefs vornehmen.

Die geologische Reichsanstalt und die Akademie der Wissenschaften beschäftigen die Lithographie dieser Anstalt in noch ausgedehnterem Masse, und zwar mehr auf dem Felde der Kunst. Karten, Pläne, Grundrisse, naturhistorische Abbildungen aller Art, Alterthumsgegenstände, kurz Schrift und Bild in allen Manieren, schwarz und in Farben werden ausgeführt und geben Kunde von dem unermüdeten Schaffen und thätigen Wirken dieses Faches. Der Farbendruck von grösseren Bildern und Werken ist ein Zweig der Lithographie, in welchem dieselbe besonders wirksam, dankbar und nützlich zugleich sich bewährt, und der in dieser Anstalt den höchsten Grad der Vollendung erreicht hat. Ueberraschend ist es, den allmäligen Stufengang zu verfolgen, der beobachtet wird, um ein Bild auf dem Papier gleichsam wachsen zu machen. Kunst muss hier mit der vollendetsten Technik Hand in Hand gehen; der Künstler, welcher zur Ausführung eines solchen Bildes schreitet, muss nicht allein die Farbenwirkungen kennen und zu beurtheilen wissen, sondern auch das Entstehen der Farben und Töne durch längere Erfahrung studirt haben. Acht bis zehn Platten mit eben so vielen Farben reichen gewöhnlich zur Herstellung eines vollendeten Bildes aus; eine jede Platte wird natürlich mit einer andern Farbe, jedoch mit allen Abstufungen von den hellsten bis zu den dunkelsten Stellen gedruckt; sehr oft müssen mehre Farben auf einander gedruckt werden, um eine gewisse Mischung und Wirkung hervorzubringen. Das genaue Auf- und Ineinanderpassen der Zeichnung des Bildes, die Aufeinanderfolge und Auswahl der Farben, das Bewahren ihrer Lebendigkeit und die Kenntniss ihrer Eigenthümlichkeiten erheischt stetes Beobachten und zarteste Aufmerksamkeit. Hartinger's Paradisus Vindobonensis, — die Hautkrankheiten des menschlichen Körpers, — die Denkschriften der Akademie der Wissenschaften und viele andere Werke, namentlich aber 6 eigens zur Londoner-Ausstellung angefertigte Kunststücke und zwar ein Still-Leben, zwei Blumensträusse, ein Studienkof, eine Anekdote von Kaiser Joseph und ein Früchtenstück, welchen die Original-Gemälde nahe zur Seite gestellt werden können, ohne Beide von einander zu erkennen, — aus dieser Anstalt hervorgegangen — zeugen von den günstigsten Erfolgen und bestätigen den Sieg über alle technisch-artistischen Schwierigkeiten. Das merkwürdigste hievon ist der Preis. Das Original-Gemälde kostet 250 Gulden C. M., der Farbendruck bei 30 Kreuzer C. Münze. Ganze Gemälde-Gallerien sind nun der Presse zugänglich. Bessere illustrirte Schulbücher mögen die Mühe und Zeit der Lernenden verkürzen!

Eine abgesonderte Abtheilung der Lithographie ist zur Ausführung derjenigen Arbeiten bestimmt, die zu den Reichs-Schatzscheinen und zu allen übrigen Creditsarbeiten erforderlich sind. Zu demselben Zwecke befinden sich auch drei Guillochir-Maschinen in hiesiger Anstalt, von denen die Eine mit dem Stichel in Metall schneidet und gravirt, während die beiden Anderen mit einem Diamantstift die Linien in Aetzgrund ritzen, worauf geätzt wird. Die Arbeiten, mit Hilfe dieser Maschine hervorgebracht, sind theils für den Druck auf der Buchdruckerpresse, theils für lithographischen und Kupferdruck bestimmt. Obwohl seit längerer Zeit bestehend, sind die Guillochir-Maschinen seit mehren Jahren bedeutend vervollkommnet und durch die Relief-Copier- oder numismatische Maschine ergänzt worden; sie sind noch immer unentbehrlich und ihre Arbeiten erhalten neben denjenigen mit freier Hand zur Ausfüllung gewisser Stellen oder als Unterdruck u. dgl. ihren Platz.

Auch hier greift die Werkstätte für Metallarbeiten im Fache der Mechanik auf eine höchst wichtige Weise ein, da derlei Arbeiten nicht ausser Haus gegeben werden können; sie ist theils mit der Reparatur der bestehenden, theils aber auch mit der Construirung neuer, eigens für gewisse Zwecke bestimmter Maschinen beschäftiget. Ihre Thätigkeit ist in fortwährender Ausdehnung begriffen.

Eben so angestrengt und vielseitig beschäftiget ist die Tischlerei, welche die verschiedenartigsten, und oft sehr schwierigen

Arbeiten für die Credits-Abtheilung auszuführen hat.

Die Schilderung dieser kleinen technischen Welt kann würdig geschlossen werden mit derjenigen, welche aus den neuesten Fortschritten auf dem Gebiete der Physik hervorgegangen ist. Wie in der Galvanoplastik die wunderbaren Kräfte des hydroelektrischen Stromes technischen Zwecken dienstbar gemacht werden, so wird in der Photographie der Urquell einer sichtbar wirkenden und schaffenden Naturkraft — das Licht — zur Hervorbringung von Resultaten gezwungen, die zu verschiedenen Zwecken mit ausserordentlichem Vortheile benützt werden können. Obwohl noch jung und einer ausdauernden Pflege bedürftig, bieten ihre gegenwärtigen Leistungen dem unparteiischen Auge unzweifelhafte Belege ihrer Anwendbarkeit. Wir wollen die nächstliegenden Zweige ihrer Verwendung hier angeben.

1. Gewährt sie dem Genre- und Landschaftsmaler, vielleicht auch dem Historienmaler und Architekten Skizzen und Studienstücke, in der Folge vielleicht ganze Entwürfe, deren Vollkommenheit sich mit den technischen und wissenschaftlichen Fortschritten dieses Faches immer steigern wird.

2. Werden durch die Photographie Abbildungen von Statuen, Antiken und Sculpturarbeiten überhaupt, von Medaillen, Denkmälern, Antiquitäten, ja selbst von Gemälden, Handschriften u. dgl. erreicht, welche als Vorlage für Kupferstecher, Steinzeichner, Xylographen, überhaupt für ausführende Künstler dienen. Insbesonders dankbar ist die Photographie im Abbilden von naturhistorischen Gegenständen, von Erzen, Mineralien, Versteinerungen, endlich auch im Wiedergeben von Bildern des Mikroskops.

3. Gute Objective werden endlich auch Studien über Schatten und Licht, über den sogenannten Localton der Maler erlauben; kurz das Gebiet der Photographie ist ein ungeheures, erstreckt sich über Natur und Kunst, über Jetztzeit und Alterthum.

Dergleichen Resultate haben aber nur dann einen Werth, wenn die Zeichnung richtig und scharf, wenn sie in einer Grösse und auf einem Materiale ausgeführt werden, welche den praktischen Anforderungen entsprechen. Daher war die Anstalt bemüht, sehr grosse Bilder und zwar auf Papier zu gewinnen, welches vor dem Metall viele Vorzüge voraus hat, abgesehen davon, dass sich Papierbilder durch das photographische Verfahren selbst schon vervielfältigen lassen. Die Staatsdruckerei hat bisher ausgezeichnete Bilder von vierzehn Zoll hoch oder quer erreicht, und sie geht damit um, durch vervollkommnete Apparate Bilder von achtzehn und zwanzig Zoll im Quadrate zu gewinnen, eine Grösse, die man bisher kaum zu erreichen ahnen mochte.

Das Verfahren ist in Kurzem folgendes: Eine Camera obscura wird auf den Gegenstand, den man abzubilden wünscht, derart gerichtet oder eingestellt, bis das Bild in gewünschter Grösse auf der matten Glastafel in allen seinen Theilen scharf erscheint. Hierauf wird an die Stelle der matten Glastafel das präparirte Papier gebracht, und den Wirkungen der Lichtstrahlen je nach deren Intensität eine gewisse Zeit lang ausgesetzt. Nach geschlossener Exposition wird das Papier, worauf das Licht seine Wirkungen geübt hat, in einem dunklen Zimmer aus seiner Hülle genommen, und das Bild hervorgerufen, fixirt und ausgewaschen. Das auf diese Weise erhaltene Bild ist ein negatives oder verkehrtes, d. h. alle Lichtstellen sind schwarz und so umgekehrt. Durch bekannte Mittel durchsichtig gemacht, dient es nun als Pause zur Herstellung und Vervielfältigung von positiven oder rechten Bildern, zu deren Erzeugung man keine Camera obscura mehr bedarf. Ein präparirtes Papier wird auf eine feste Unterlage gegeben, das negative Bild verkehrt darauf gelegt, und mit einer durchsichtigen Glastafel gleichsam zugedeckt und befestigt. Das Ganze wird eine gewisse Zeit lang dem Einflusse des Lichtes ausgesetzt, welches durch das Glas und die lichten Stellen des negativen Bildes hindurchdringt, und das darunter befindliche präparirte Papier färbt, wodurch allmälig das positive Bild entsteht. In ein dunkles Zimmer gebracht, wird die Vorrichtung geöffnet, das erhaltene positive Bild fixirt, ausgewaschen und fertig gemacht.

Das Vervielfältigen solcher Bilder geht natürlich nicht so rasch von Statten als beim chemischen oder mechanischen Druck; wer würde jedoch so kühn sein, zu behaupten, dass uns nicht vielleicht die nächste Zukunft schon Mittel an die Hand gäbe, das Verfahren abzukürzen oder mit einer der schon bestehenden graphischen Künste zu vereinigen. Es wäre sicher einer der erhebendsten Triumphe der Wissenschaft, Kunst und Technik, und dieser Triumph steht nahe bevor und wird von der Staatsdruckerei angestrebt.

Die photographischen Bilder sind jetzt noch kostbar zu nennen, doch nicht zu kostbar für die oben bezeichneten Zwecke; sie besitzen zwar keine Farben, aber geben ein getreues Spiegelbild der Natur mit allen Einzelnheiten, die keine menschliche Hand so wiederzugeben vermochte. Diese Kunst wurde bisher in den Händen der Privaten beinahe ausschliessend zum Porträtiren verwendet, und bewährte sich bei gehöriger Geschicklichkeit auch dankbar; diese Verwendung der Photographie ist zwar eine angenehme und naheliegende, aber die ausschliessende Pflege dieses Zweiges hindert die Cultivirung der anderen, welche an Wichtigkeit den Ersteren übertreffen. Die Staatsdruckerei hat sich daher ein hohes Verdienst um die Photographie erworben, dass sie die vielversprechende neue Kunst in ihren Schutz nahm und die Ausbreitung derselben ermöglichte. Die bereits erzeugten und ausgestellten

Bilder dieser Art geben interessante Aufschlüsse über die verschiedenartige Anwendung und mannigfache Beweise überwundener Schwierigkeiten. Wir sehen mit Spannung den ferneren Ergebnissen dieses graphischen Zweiges entgegen.

Die Bilder, die diesem Schriftchen beigegeben sind, sollen unsere Beschreibung ergänzen und das Wirken in diesen Räumen versinnlichen. Wir waren mehr bemüht, dasjenige zu beschreiben, was hier geschaffen wird, wozu es dient, wie es ausgeführt wird, kurz wir wollten die leitende Grundidee sowohl, wie die verwendeten Mittel erklären.

Wir wollen nun kurz noch die Anstalt vor Augen führen, um denjenigen, die das Institut gesehen, einen Ueberblick zu bieten, Anderen aber, die es erst zu sehen wünschen, gleichsam einen Führer an die Hand zu geben.

Zur Besichtigung der Staatsdruckerei erhält man im ersten Stocke bei der Direction eine Eintrittskarte nebst einem Begleiter, der in allen graphischen Kunstzweigen vollkommen bewandert ist.

Neben den Bureaux der Direktion, der Kasse und der Rechnungs-Kanzlei befindet sich die Gallerie der beständigen Ausstellung aller Druckkünste und einschlägiger Fächer.

Von da steigt man die steinerne Hauptstiege aufwärts in den dritten Stock. Im ersten Saale findet man die zeichnenden Künstler, welche auf Metall und Stein arbeiten; nebenan die lithographischen Drucker und bei 30 Pressen, welche theils mit ämtlichen, theils mit artistisch-wissenschaftlichen Gegenständen beschäftiget sind und ein grossartiges Bild der Thätigkeit gewähren.

Durch einen kleinen Gang gelangt man in den Mitteltrakt und steigt eine eiserne Wendeltreppe 2 Stöcke aufwärts in den fünften Stock in den Saal für die Photographie. Mehre Apparate mit sechs finsteren Kammern sind da in beständiger Thätigkeit, wodurch das unentgeltliche Tageslicht als Zeichner und Vervielfältiger der ihm ausgesetzten Gegenstände verwendet und hastig verwerthet wird.

Von da einen Stock wieder abwärts kömmt man in die Schriftgiesserei, wo man sieht wie der Stahlstämpel, die Kupfermatrize erzeugt wird, und wie die letztere in das Gussinstrument gelegt und Millionen von Buchstaben theils auf sogenannten 10 Handöfen, theils auf den acht Schnellgiessmaschinen in einer Woche hervorgehen. Das Abbrechen, Schleifen, Aufsetzen, das Hobeln und Fertigmachen derselben geschieht gleichzeitig an der Seite des Gusses. Die Stereotypie, Schmelzung, der Linienguss ist nebenbei sichtbar.

Beim Austritte aus diesem Saale gelangt man in den Seitentrakt auf der Seilerstätte in die Stereotyptischlerei. Von da ein Stock abwärts in die mechanische Abtheilung, in die Chemitypie; dann in den Setzersaal für alle fremden Sprachen, über die eiserne Mittelstiege nach dem Singerstrassentrakte in die beiden Setzersäle für ämtliche Arbeiten, ferner in den Setzersaal für das Reichsgesetzblatt. Ueber 120 Setzer entwikeln ihre Thätigkeit. An die Setzersäle reiht sich die Lettern-Vorrathskammer und bildet das Centrum zwischen der oberhalb liegenden Schriftgiesserei, ihrem Erzeugungsorte und der Verwendung.

Gegenüber befindet sich die Xylographie. So wie aus den beweglichen Lettern die Gedanken fixirt, werden hier Bilder in Holz und Metall hervorgerufen, die mit jeder Stunde sich vermehren. An der Seite der Holz- und Metall-Graveurs befindet sich der Ornamentenzeichner und Leiter dieser Abtheilung.

Eine Stiege abwärts kömmt man durch das Materiallager, wo sich alle Einkäufe kleinerer technischer Bedürfnisse vereinigen. Von da gelangt man in die Drucker-Localitäten, wo auf 26 Handpressen nur kleinere Auflagen gemacht werden.

Die Mittelstiege abwärts hört man das ungestüme Lärmen der Dampfmaschine mit dem halben Hundert von Schnellpressen, die das geistig werthlose Papier mit Tausenden von Gedanken bedruckt dem Beschauer vollendet entgegenliefern. Mitten unter diesen geistigen Batterien steht die Buchstaben-Setz- und Ablegmaschine mit Dampf getrieben, woraus ein kleiner Knabe, ein Zögling der Anstalt, wie auf einem Clavier spielend, die Lettern hervorruft und nach dem Drucke wieder dieselben mit einer gleichartigen Maschine in die Kanäle zurückführt.

Nachdem man nun den Dampfkessel, die Wasser- und Wärmeleitung nebst der Dampfmaschine besehen, geht man eine steinerne Stiege aufwärts in das Kreditsgebäude, in welchem im ersten Stock die Kupferdruckerei, im zweiten Stocke die Lithographie und Schnellpressen, im dritten Stocke die typographischen Handpressen, im vierten Stocke die Bezifferung, Prägung und Revision sich befindet.

Im fünften Stocke sind galvanische Apparate aufgestellt, wovon einer 35 Schuh lang und 3 Schuh breit ist, aus welchem die Firmatafel mit der Aufschrift: „K. K. Hof- und Staats-Druckerei in Wien" für die Londoner Ausstellung hervorgegangen.

Die Stiege fünf Stöcke abwärts kömmt man in die Trockenhalle, in welcher vier Stöcke hoch die Millionen von gedruckten Bögen getrocknet werden, welche nachher unter die daselbst befindliche hydraulische Presse oder die Satinirmaschinen kommen, und ihre verlorene Glätte oder den Glanz wieder erhalten.

Von dieser Halle tritt man in das Papierzähl- und Absendungszimmer.

Aufwärts geht man in die Buchbinderei mit drei grossen Zimmern, an deren Seite die Drucksorten-Lager sich anreihen.

Abwärts gelangt man in das Expedit des Reichsgesetzblattes, aus welchem täglich beinahe 200.000 Bogen gedruckte Gesetze an mehr als

2.400 Behörden der Monarchie expedirt werden.

Gegenüber liegt die Garderobe, wo für beinahe 900 Personen die Kleider der Arbeiter während der Arbeitsstunden von 7 Uhr früh bis Mittag und 2 Uhr bis 7 Uhr Abends aufbewahrt werden.

Im Hofe befindet sich noch die Kreissäge, welche mit Dampfkraft Holz für alle fünf Gebäude liefert.

Den Endpunct des Gebäudes bildet das Eingangs- und Austrittszimmer, wo ein Faktor mit einem Diener die Ein- und Ausgehenden kontrollirt und die Arbeitsbestellungen übernimmt.

Die unterirdischen Localitäten, nicht minder interessant durch die Verzweigung der Dampfkraft, sind wegen ihrer Beengung für Beschauer nicht leicht zugänglich. Die wenigen Boden-Räume werden als Aufbewahrungsort für verschiedene Vorräthe aus allen Abtheilungen benützt.

Ausserhalb besitzt die Anstalt in der Himmelpfortgasse, im Auwinkel, am Franzensthor mehre Magazine und im Mayer'schen Hause Singerstrasse 11 Zimmer für die Vorräthe des in 10 Sprachen erscheinenden Reichsgesetz-Blattes.

Aus dem Ganzen dürfte der Schluss gezogen werden, dass die Staatsdruckerei zu Wien als die einzige ihrer Art mit Recht die Benennung einer Universität der graphischen Künste in Anspruch nehmen kann, und wir glauben nicht besser schliessen zu können, als mit dem herzlichsten Wunsche: Gehet hin und thuet desgleichen!

UEBERSICHT

DER

VON DER WIENER K. K. HOF- UND STAATSDRUCKEREI

IN LONDON

AUSGESTELLTEN GEGENSTAENDE

ALLER GRAPHISCHEN KUNSTZWEIGE.

WIEN.

AUS DER KAISERLICH-KOENIGLICHEN HOF- UND STAATSDRUCKEREI.

1851.

Beim Eintritte in das Ausstellungs-Locale gewahrt man an den Seitenwänden die verschiedenartigsten Kunstgegenstände in Rahmen und an daran stossenden langen Tafeln eine Menge theils offen ausgelegter, theils in pultartigen Kästchen angereihter Erzeugnisse der Anstalt.

Im Hintergrunde hängen die ersten Producte des Farbendruckes, 16 Blumen aus dem Hartinger'schen Werke „Paradisus Vindobonensis", welches in mehren Heften colorirt, später aber in dem genannten Farbendrucke erschien.

Weiter angereiht findet die Wissenschaft in der Chromolithographie ihre Vertretung und es erscheinen verschleiert mehre Hautkrankheiten von Dr. Elfinger auf Stein gezeichnet; in weiterer Fortsetzung sind die artistisch-wissenschaftlichen Leistungen dieser Anstalt sichtbar, welche im Laufe der letzten zwei Jahre für die Denkschriften der Akademie gedruckt wurden. Es finden sich dabei Schmetterlinge im schönsten Farbenschmelz, Versteinerungen aller Arten, anatomische Untersuchungen, Mosaikbruchstücke, Pracht-Exemplare von religiösen Gegenständen des Mittelalters, Urkunden-Abbildungen von dem einzigen Codex, der Bärenhaut, ausgegrabene römische Waffen und Gefässe etc.

Ferner werden die sechs Chromolithographien sichtbar, welche eigens für die Welt-Ausstellung angefertigt wurden, als:

Zwei Blumenstücke, ein Früchtenstück, ein Still-Leben, Studienkopf, Genrebild, Kaiser Joseph II.

Die Original-Gemälde sind zur beliebigen Vergleichung danebengehängt, und zwar ist das Original bald oben bald unten angebracht, damit die nähere Untersuchung zwischen den Original-Gemälden und den Farbendrücken herbeigeführt wird.

Das Original-Gemälde
   kostete . . . . 250 fl. C. M.,
das Exemplar eines
   Farbendruckes . 30 kr. „

Unterhalb liegen nicht gefirnisste Abdrücke, um zu zeigen, wie der Druck aussieht, wenn er von der Presse kömmt.

Ebenso sind mehre Blätter in der Nähe, welche nur die einzelnen Farben, und die Folgenreihe der aufgedruckten Farben-Steine ersichtlich machen. Man kann dabei die angebrachten Puncte sehen, welche zum Auflegen des Bogens auf die verschiedenen Steine dienen, damit die Farben aufeinanderpassen.

An diese sechs Kunstgegenstände reiht sich die Photographie an, deren Bilder selbst im Spätherbste und manche im Schatten aufgenommen sind.

Unterhalb in Kästchen liegen galvanographische Erzeugnisse, die auf eine eigenthümliche Weise hervorgebracht werden. Der Maler oder Zeichner malt sein Bild mit dem Pinsel auf eine präparirte Kupferplatte, welche in den galvanischen Apparat gelegt, eine vertiefte Platte gibt, auf welcher die weitere Ausführung geschieht. Nachdem dieselbe wieder in den galvanischen Apparat gelegt, und eine Hoch- und Tiefplatte hervorgebracht worden ist, wird die Letztere gedruckt. Man erhält daher das Original-Gemälde aus der Hand des Künstlers ohne eigentlich einer Zwischenhand zu bedürfen, welche nicht selten das Bild des Künstlers entstellt.

Nach den galvanographischen Abbildungen gelangt man zur Chemitypie, welche von einem Kopenhagener, Namens Piil entdeckt, und in der Staatsdruckerei von ihm gepflegt wird.

Diese Erfindung hat zur Folge, dass die Kupferstichmanier statt aus der Tiefe gedruckt, erhaben wie ein Holzschnitt auf der Schnellpresse angefertigt werden kann, deren Vervielfältigung, wenn die Zurichtung geschehen, sich auf die 50fache Quantität erhöht, und deren Erzeugnisse daher in dem gleichen Masse billiger zu stehen kommen müssen.

Man nimmt eine Zinkplatte, überzieht sie mit Aetzgrund, radirt in die Tiefe, übergiesst sie mit einem leichtflüssigen (negativen) Metall, schabt dasselbe später wieder ab, die in die Tiefe eingedrungene Masse bleibt natürlich in den Vertiefungen, ätzt dann später mit einer Säure, die die Zinktheile verzehrt, die Oberfläche weg, die früher tief radirten Stellen bleiben im unangegriffenen Metalle konisch erhaben stehen und die Platte ist nun wie ein Holzschnitt druckfähig. Auf galvanischem Wege das Original vervielfältigt, können dann Millionen gedruckt werden.

Unmittelbar an die Chemitypie und Photographie reihen sich die Stahlstiche von den ersten Künstlern Wiens, die für die Anstalt zu mehren Dichtungen angefertigt und daselbst gedruckt wurden.

Einige Gelegenheitsstiche, wie die Erinnerungskarte an die Ausstellung der Staatsdruckerei, eine Eisenbahn-Eröffnungskarte etc. zieren die Tafel im galvanischen Rahmen.

Nun kommen wir von den Hilfszweigen der Anstalt zum Centralpuncte derselben, der Typographie und der damit unzertrennlich verknüpften Wissenschaft — der Sprachenkunde, die hier wie in keinem typographischen Institute gepflegt wird.

Ein Stammbaum aller Alphabete des Erdkreises bildet den Anfang. Von den chinesischen Zeichen einerseits, an welche das Koreanische und die japanischen Schriftzeichen sich anreihen, und die afrikanischen Hieroglyphen andererseits, welchem das Phönicische unmittelbar folgt und die ersten schreibbaren Zeichen darstellen, nehmen alle übrigen Alphabete ihren Ursprung, verzweigen sich in zahllose Familiengruppen und Stämme bis zu den heutigen Schriftzeichen in allen Welttheilen.

Als eine der grössten Erscheinungen im fremden Sprachengebiete stellt sich die darauf folgende Auer'sche Sprachenhalle mit dem Vater Unser in 608 Sprachen und Mundarten mit lateinischen Typen gedruckt, und deren 2. Abtheilung mit 206 Sprachen und Dialekten in den den Völkern eigenen Sprachzeichen dar. Jedem Vater Unser in den fremden Typen ist die wörtliche Uebersetzung und die buchstäbliche Aussprache beigefügt, um das Werk nicht nur Sprachforschern, sondern auch Sprachfreunden zugänglich zu machen.

Zwei Tafeln mit sämmtlichen Schriftzeichen aller Sprachen des Erdkreises schliessen diese 2. Abtheilung der Vater Unser-Sammlung und bezeugen, dass die Staatsdruckerei in Wien nicht nur 104 fremde Alphabete besitzt, sondern alle Druckereien in und ausser Europa weit überbietet, indem sie mit ihren Lettern nicht nur alle fremden Typen-Sammlungen tabellarisch dargestellt und neben angereiht, sondern die Original-Letternstämpel unter den in Rahmen befindlichen Tafeln in eigenen Kästchen zur Schau und Vergleichung hinstellt.

Ein chinesischer Satz zeigt eine neue Entdeckung von höchstem Interesse. Nach Art der Musiknoten nach dem vom Director der Staatsdruckerei, Regierungsrath Auer, aufgestellten typometrischen Systeme aus circa 400 Puncten und Strichen zusammengestellt, werden bei 80,000 Zeichen gebildet. Obschon die Mühe des Zusammenreihens in Anschlag gebracht werden muss, so stellt sich doch der Nutzen von Gutenberg's Erfindung der Beweglichmachung der Schriftzeichen unserer 26 Buchstaben bei der grossen Anzahl der Zeichen der Chinesen (!) als ungleich wichtiger dar.

Ebenso ist die Staatsdruckerei mit den Blindentypen für die einheimischen und fremden Völker versehen, wovon eine erhaben gedruckte Tafel zum Lesen mit den Fingern, sich ausgestellt findet.

An die Letternstämpel reihen sich die davon gewonnenen Matrizen und zwar in einem Alphabete eingeschlagener, der neu nach Handschriften geschnittenen Neschi oder sogenannten arabisch-türkischen Druckschrift und zwei Alphabete von einer grösseren und kleineren galvanisirten Schriftgattung.

Als Fortsetzung reihen sich die übrigen galvanischen Gegenstände an, worunter Reliefs, welche den vollkommenen Triumph der Galvanoplastik über alles zu Vervielfältigende, mag es flach, hoch oder tief sein, glänzend darthun.

Ein höchst interessantes Schaustück bilden zwei von uralten Versteinerungen abgenommene galvanoplastische Copien, Fische darstellend. Man überzog das Original mit aufgelöster Gutta Percha, bis sich eine Haut bildete, die dann abgezogen, mit salpetersaurer Silberlösung leitend gemacht, in den galvanischen Apparat gelegt wurde. Nach einigen Tagen erhielt man ein zweites zum Drucke vollendetes Original, ohne eine weitere Zeichnung zu bedürfen.

Weiter gewahrt man das typometrische System, oder die Berechnung und Bemessung des Raumes einer jeden Type. Nicht nur der Nutzen, dass Manuscripte im Raume, den sie im Drucke erfordern, genau berechnet werden können, sondern der viel grössere Vortheil, dass tabellarische Darstellungen von allen wissenschaftlichen Abhandlungen, wo Buchstaben-Bilder erfordert werden, mit der vollkommensten Sicherheit des Raumes in tausendfachen Rubriken bemessen werden können, ist von grosser Wichtigkeit, deren technische Vortheile aber Alles überbieten. Drei tausend Centner oder 150 Millionen Buchstaben sind in der Staats-Druckerei so gegossen worden. Jede Type liefert eine mathematisch richtig berechnete Grösse oder ein Theilchen zum fast unzählbaren Ganzen. Bei dem Musik-Notensatze, bei den chinesischen Zeichen tritt dieser Vortheil noch nachdrücklicher hervor, weil sonst die Ausführung derselben unmöglich wäre.

Ferner ist in 4 Tafeln ein zum ersten Male mit beweglichen Typen gedrucktes japanisches Werk mit deutscher Uebersetzung von Pfizmaier begleitet ausgestellt. Im Vaterlande wenig bekannt, ist dieser Abdruck in Amerika zur Uebersetzung gediehen und bereits unter der Presse. Obschon dieser Roman im Auslande vieles Aufsehen gemacht, und die gerechte Anerkennung fand, so war doch in einer gelehrten Recension der deutschen morgenländischen Gesellschaft, die Bemerkung beigefügt, dass die Drucklegung den Zweifel errege, ob nicht die Auflage des ersten Theiles des Japanischen mit den Illustrationen etwa aus Japan bezogen und in Wien nur das Deutsche hinzugefügt worden sei. Ein höchst ehrendes Urtheil von Kennern *)! Zum vollständigen Beweise hat die Staatsdruckerei die nach dem Original radirten Zinkplatten und einen beweglichen Letternsatz zur Weltausstellung beigefügt.

Unterhalb der Typometrie liegen sprachliche Texte in Folio-Blättern, mit dem Deutschen beginnend, unsere heutige Form der Buchstaben darstellend, dann folgen die Buchschriften des Mittelalters, deren Formen bis auf das sechste Jahrhundert in beweglichen Typen ausgeführt erscheinen. So fortschreitend bis zur Gutenbergschrift sieht man deutlich die allmälige Entwickelung unseres heutigen Schrift-Charakters. Eine Folio-Seite aus der Gutenberg-Bibel ist mit täuschend ähnlichen Typen nachgeahmt worden, so dass Kenner kaum den ächten und unächten Abdruck zu unterscheiden vermögen.

So wie die Staatsdruckerei bei orientalischen Werken dieselben ganz im Geschmacke des Landes und der Zeit ausstattet, eben so strebt sie auch die Typenform an, gedruckte Gegenstände im Sinne des Jahrhunderts oder Jahrzehnts nachzuahmen, auf dass die Kenntniss des Urkunden-Lesens nicht auf wenige Gelehrte beschränkt, sondern in weiteren Kreisen verbreitet werde. Sie folgt dabei dem Grundsatze des grossen Lehrmeisters und Erfinders Gutenberg, in dessen Werken dieser Gedanke niedergelegt; sie folgt den Regeln, die sich der Künstler und gelehrte Historiker stellt, wenn er ein historisches Bild entwirft. Die Bühne stellt sich die gleiche Aufgabe im Kostüme, in der Scenerie; in der Baukunst würde man kaum den Gedanken zu widerlegen wagen, und doch gab es bei dieser Aufgabe, die sich die Staatsdruckerei stellte, verschiedene Meinungen. In Kürze liegt ein gedrucktes Diplomatar als Beleg vor, zum Beweise, dass das, was diese Anstalt einmal ergreift, richtig erfasst, nicht mehr aufgegeben wird.

An die Jahrhundert-Texte reihen sich die fremdsprachlichen, vom Aethiopischen und Amharischen bis zum Zend in alphabetischer Ordnung, während die neben dem Vater-Unser aufgestellten 2 Tafeln die Schriftzeichen in sprachlicher Ordnung darstellen.

Von dem ältesten Drucke der Gutenberg-Bibel gelangt man zum Holztafeldrucke, zur Xylographie. Die ältesten Holzschnitte machen den Anfang und bilden den Uebergang zu den verschiedenen Wappen, dann der Albrecht Dürer'schen Triumphpforte, deren Schnitte auf der k. k. Wiener Hofbibliothek bis auf wenige fehlende gesammelt, und die sich die Holzschneide-Anstalt der Staatsdruckerei zur Aufgabe gemacht, zu vervollständigen, um im Falle eines einstigen Wiederabdruckes dieselben bereit zu haben. Eine Anzahl von Initialen und ganzen Alphabeten aus dem 17. Jahrhundert, dann eine Menge von Siegeln sind daselbst angereiht. Moderne Zeichnungen aus allen Fächern, landschaftliche, figuralische und historische Bilder auf Holz geschnitten, bilden die Fortsetzung. Einige grössere Schnitte, besonders die vom Prof. Führich auf Holz gezeichneten Originalien von religiösen Gegenständen, dürften die besondere Aufmerksamkeit in Anspruch nehmen, da sie mit besonderer Kunstfertigkeit und Liebe im Holzschnitte vollendet erscheinen.

Nebenbei liegen Matrizen von Gutta Percha und der Galvanoplastik, um den Holzschnitt im Drucke zu schonen, und dann im Nothfalle Millionen von dem genommenen Kupferabdrucke zu gewinnen.

Von der Holzschneidekunst wenden wir uns wieder zu dem Farbendruck, der die verschiedensten alterthümlichen religiösen Gegenstände vor Augen führt, die den vergangenen Jahrhunderten (9. bis 13.) angehören. Gewerbliche Zeichnungen von Fussböden, sowohl der neueren Zeit als von älteren Mosaiktafeln, und eine Menge naturhistorischer Darstellungen bilden die Fortsetzung. Schmetterlinge, Versteinerungen, anatomische Gegenstände sammt den am Ende der Wand befindlichen Hautkrankheiten bilden den Schluss, und die auf der Tafel liegenden fremdsprachlichen Texte finden ihren Ausgangspunct in mehren gebundenen und brochirten Büchern, die grösstentheils für den Orient bestimmt, im orientalischen Geschmacke ausgestattet, für aus- und inländische Gelehrte gedruckt wurden. Mehre gelehrte Zeitschriften des Auslandes haben über die typographische Vollendung bereits ehrenvoll geurtheilt und die Anstalt dadurch zu neuen Bestrebungen angeeifert.

Für Christiania, Kopenhagen, Erlangen, Leipzig sind noch mehre fremdsprachliche Werke unter der Presse.

---

*) Zeitschrift der morgenländischen Gesellschaft, I. Bd., III. u. IV. Heft. 1847. (Leipzig, Brockhaus und Avenarius.) — Ausser Stande, das philologische Verdienst des Buches zu würdigen, wenden wir uns desto lieber zu seiner künstlerischen Ausführung, die beinahe den Eindruck einer Zauberei macht. Der erste Anblick könnte einen misstrauischen Kritikus auf den Gedanken bringen, es sei hier eine kleine Mystification im Spiele: die ehrenwerthe Staatsdruckerei habe die Originalausgabe in Japan angekauft, eine Partie Papier von derselben Qualität ebendaher bezogen, auf dieses ihre deutsche Uebersetzung gedruckt und dann beide Theile zusammenbinden lassen. Doch nein: dieses feine Seidenpapier — — — ist deutsches Fabrikat: diese japanischen Charaktere, in ihren arabeskenartigen Verschlingungen fast wie flüchtige Stenographie anzusehen, und diese eingedruckten Illustrationen mit Gesichtsbildungen, Trachten, Gebäuden und Geräthen, die einer andern Welt anzugehören scheinen: sie sind nicht in Jedo xylographirt, sondern in Wien genau nach den Originalen typo- und zinko-lithographirt, d. h. jene mit beweglichen Lettern, den ersten und bis jetzt einzigen ihrer Art, gedruckt, diese aber mit einigen dazu gehörigen Erläuterungen und der Vorrede in Zink gestochen, auf Papier abgezogen und dann auf Stein übertragen. Darin erkennen wir den Wahlspruch der Staatsdruckerei: „Nil actum reputans, si quid superesset agendum."

IN LONDON

AUSGESTELLTE GEGENSTÄNDE

DER WIENER K. K. HOF- UND STAATS-DRUCKEREI.

Alle zur Ansicht vorliegenden Erzeugnisse sind, mit Ausnahme der sechs Chromolithographien, nicht eigens, sondern zu verschiedenen Werken angefertigt worden.

AUSGESTELLTE GEGENSTAENDE.

Schriftschneiderei.

Stämpel in Stahl, und zwar nur in fremden Schrift-Charakteren, von welchen die Anstalt 104 Alphabete für alle Sprachen des Erdkreises besitzt, wobei die verschiedenen Grössen eines und desselben Charakters nicht eingerechnet sind.

NB. Dieser Typenschatz bildet die reichste Alphabetensammlung des Erdkreises, wovon bereits nach Jerusalem, Chartum in Afrika und selbst im Monate Jänner 1851 erst nach London Sendungen gemacht worden sind.

Die Alphabete sind folgende:

Hieroglyphen.	Arabisch, Neschi.	Albanisch.	Kutila (10. J. n. Chr.).	Kiousa.
Hieratisch.	Mauritanisch.	Albanisch (andere Form).	Dewanagari (Sanskr. Nr.1).	NeuesPali (N.1).
Demotisch.	Phönicisch.	Lykisch.	Dewanagari (Sanskr. Nr.2).	NeuesPali (N.2).
Aethiopisch und Amharisch.	Phönicisch (verziert).	Armenisch.	Kaschmirisch.	Siamisch.
Himjaritisch.	Punisch.	Georgisch.	Shikh.	Kambog'a (in und ausser Verbindung).
Himjaritisch (verziert).	Numidisch.	Kirchenschrift.	Assam-Inschrift.	Laos.
Kabylisch, amerikan. Inschr., Touarik und Thugga.	Etrurisch.	Persepolit. Keilschriften.	Mahrattisch.	Birmanisch.
	Altitalisch.	Pehlvi.	Orissisch.	Shyan.
	Runen.	Zend.	Guzuratisch.	Bugis.
Althebräisch.	Gothisch.	Kabulisch.	Kayti-Nagari.	Bissya.
Samaritanisch.	Keltisch.	Pegunisch.	Randscha.	Batta.
Hebräisch.	Keltisch (neuerer Schnitt).	Aelteste indische Zeichen.	Bandschin-Mola.	Tagala.
Raschi.	Angelsächsisch.	West Grotten-Inschrift.	Multan.	Mongolisch.
Weiber-Deutsch.	Altgriechisch.	Açoka-Inschrift.	Sindh.	Mandschu.
Deutsche Raschi.	Griechisch.	Inschrift von Gusurat.	Nerbudda.	Chinesisch.
Hebräisch, spanisch-levant.	Koptisch.	Gupta-Dynastie (Allahabad).	Kistna.	Coreanisch.
Aramäisch.	Cyrillisch.	Bengalisch.	Telingisch.	Formosanisch.
Chaldäisch.	Cyrillisch (andere Form).	Ahom.	Karnatisch.	Japanisch (Katakana Nr. 1).
Palmyrenisch.	Russisch, serbisch, wallachisch.	Tibetanisch.	Tamulisch.	Japanisch (Katakana Nr. 2).
Estrangelo.		Passepa.	Malayalam.	Japanisch (Firokana).
Syrisch.	Glagolitisch.		Cingalesisch.	
Kufisch.			Maldivisch.	
			Javanisch.	Tschirokisisch.

Stämpel von Buchschriften des Mittelalters. Vom 6. bis zum 16. Jahrhunderte — so wie Blindenschriften für Europa und Asien.

Xylographie.

Drei grosse Holzschnitte, nach religiös-historischen Zeichnungen von Führich sammt Abdrücken in Gutta Percha und galvanischen Matrizen; dann Muster von historischen und mehren anderen Darstellungen. Eine Siegel-Sammlung und mehre Holzschnitte nach Albrecht Dürer.

Chemitypie.

Darstellung verschiedener Localitäten der Staatsdruckerei, auf Zink radirt, chemitypirt und auf der Buchdruckpresse abgedruckt, neue Erfindung von Piil: Hochätzung in Zink.

Schriftgiesserei.

Matrizen der neuen Neschi oder arabisch-türkischen Druckschrift, nebst einigen Mustern von galvanoplastisch erzeugten Matrizen. Ein chinesischer Letternsatz mit beweglichen Typen, bestehend aus 400 Zeichen, Linien und Puncten, womit fast alle Zeichen der Chinesen gebildet werden können. Ein japanischer Typensatz mit beweglichen Lettern zur Vergleichung mit einem Musiknoten-Satze.

Stereotypie.

Die Typen des Erdkreises, zwei grosse Tafeln, jede von 540 Quadratzoll in Letternmetall stereotypirt, sammt Gutta Percha- und Gyps-Matrizen-Tafeln, dann in galvanoplastischen Copien (!).

Galvanoplastik.

Hoch- und Tiefplatten von Holzschnitten und Gegenständen der Typo- und Chalcographie.

Copie zweier Versteinerungen der Fische Pycnodus Fenzlii und Chirocentrites Coroninii. (Heckel.)

Leistung eines grossen Apparates: eine Platte von 33 Schuh Länge und $3\frac{1}{2}$ Schuh Breite! Des Transportes wegen nur ein dünnes Exemplar einer solchen Platte.

Drei grosse Matrizen-Tafeln von Kupfer, jede mit 1200 chinesischen Zeichen.

Zwei grosse Platten, jede von 1800 Quadratzoll, zum Kupferstich oder Satiniren.

Mehre Matern von Gutta Percha, zum Gebrauche der Galvanoplastik.

Abfälle von galvanoplastischem Kupfer, gestreckt, gewalzt, gehäm-

mert etc., um die Qualität desselben zu zeigen.
Werke der Sculptur des Alterthums (Haut- und Basreliefs) etc., von galvanoplastischem Kupfer.

Mehre metallene galvanoplastisch erzeugte Rahmen mit photographischen Bildern.
Die oben angeführten Stereotyp-Platten von galvanischem Kupfer.

Typometrie.

Das Raum-Verhältniss aller Buchstaben und der Zwischenräume oder sogenannten Ausschliessungen, von dem Director der Staatsdruckerei, Regierungsrath Alois Auer, Mitglied der kais. Akademie der Wissenschaften. (In den Denkschriften derselben, 1. Bd. abgedruckt.)

Typographie.

Die theilweisen Schriftproben der k. k. Hof- und Staatsdruckerei, als: Fractur-, Antiqua- und Cursiv-Schriften, geschnitten in der Anstalt, sowie alle gebräuchlichen Schreib- und Zierschriften des europäischen Continents.
Gedruckte Texte der fremden Schriftzeichen des Erdkreises, viele davon in mehren Grössengattungen.

Deutsche Buchschriften des Mittelalters, vom VI. Jahrhundert bis zur Erfindung der Buchdruckerkunst.
Die Schrift des ersten gedruckten Werkes, der Gutenberg-Bibel, in vier Grössen.
Zierschriften nach Vorschriften des XVII. Jahrhunderts.
Schriften für Blinde in europäischen und asiatischen Sprachen.

Typographische Arbeiten unter Glas und Rahmen.

Die Sprachenhalle, herausgegeben vom Director der Staatsdruckerei, Regierungsrath Alois Auer.
Erstes Heft. Das Vaterunser in 608 Sprachen und Dialecten, mit lateinischen Lettern gedruckt. Nebst Literatur hierüber. In 9 Tafeln.
Zweites Heft. Das Vaterunser mit den einem jeden Volke eigenthümlichen Schrift-Charakteren,

206 Sprachformen enthaltend, und einer Uebersicht von mehr als 100 Alphabeten fremder Schrift-Charaktere mit Transcription. In 8 Tafeln.
Entwickelung der Schriftzüge des Erdkreises, als Stammbaum.
Die 42 zeilige Gutenberg-Bibel, ein Blatt gedruckt, mit gemalter Randzeichnung.

Im Portefeuille.

Schriften der Propaganda zu Rom in 23 Alphabeten.
Bodoni, Oratio dominica, 28 Alphab.
Frankreichs fremde Typen, nach Falkenstein's Geschichte der Buchdruckerkunst, 42 Alphabete.
Deutschlands fremde Schrift-Charaktere nach Ballhorn, 19 Alphab.
Indiens Typen, 13 Alphabete.
Stammbaum der Regenten Oesterreichs.
Die Grundrisse sämmtlicher Localitäten der Staatsdruckerei.
Zwei kleinere Portefeuilles: Album in sechzehn Sprachen; gedruckt bei feierlichen Gelegenheiten.

Gedruckte Bücher in gewöhnlichem Einbande.

Denkschriften der kais. Akademie der Wissenschaften. — I. Band. Mathematisch-naturwissenschaftliche Classe.
Dazu 1 Atlas mit 58 lithographirten und in Farben ausgeführten Tafeln.
Denkschriften der kais. Akademie der Wissenschaften. — I. Band. Philosophisch-historische Classe.
Mit 12 lithographirten Tafeln.
Das typometrische System in der k. k. Staatsdruckerei, von Alois Auer.
Hammer-Purgstall, Rhetorik der Araber, 1. Band.
Tractate Oesterreichs mit der Pforte, türkisch mit Uebersetzung.
Pfizmaier's arabisch-persisch-türkische Sprachlehre.
Pfizmaier's Bearbeitung der vier Wandschirme, japanischer Roman mit deutscher Uebersetzung. Zum ersten Male mit beweglichen japanischen Typen (!)
Schlechta, Abdurrahman Dschami's Frühlingsgarten, persisch und deutsch.
Schlechta, Völkerrecht im Kriege u. Frieden, 2 Thle.; Bearbeitung aus dem Deutschen in's Türkische.
Abhandlung der höhern Arithmetik, türkisch.
Boller's Sanskrit-Sprachlehre.
Krafft und Deutsch, Katalog der hebräischen Handschriften der kaiserlichen Hofbibliothek zu Wien.
Goldenthal, Clavis Talmudica, hebräisch.
Arneth, Münz- und Antiken-Cabinet.
Bolza, Manuale.
Kohlgruber, Hermeneutica.
Oesterreichs Statistik und Handels-Tabellen, 9 Bde. Folio.
Geschichte der österreichischen Nationalbank.
Lira del popolo, 2 Hefte, zum Gesangunterricht.
Hoven, Heine's Lieder, Quartband mit beweglichen Musik-Noten.

Unter der Presse.

Für Dr. Mehren in Copenhagen, Rhetorik bei den Arabern.
Für Prof. Holmboe in Christiania, vergleichende Sprachenkunde.
Für Dr. Zenker in Leipzig, türkische Chrestomathie und Wörterbuch.

In Originaltypen.

Für Dr. Spiegel in Erlangen, Zend-Avesta, von Zoroaster.
Diplomatarium des Klosters Kremsmünster, mit den jedem Jahrhundert eigenen Typen.
Kaerle's, chaldäische Chrestomathie mit Lexicon.

In Originaltypen.

Chromolithographie.

Von Hartinger.

Zwei Blumenstücke.
Ein Früchtenstück.
Ein Still-Leben.
Studienkopf.
Genrebild: Kaiser Joseph II. verschreibt einer Witwe, die dem Hungertode nahe, 100 Ducaten als Arznei.

Die Original-Oelgemälde an der Seite zur gefälligen Vergleichung mit den Farbendrükken. Das Originalgemälde kostete 250 fl. CM., das Exemplar eines Farbendruckes 30 kr.

Blumen (16 Stücke). Zum Werke: Paradisus Vindobonensis.
Schmetterlinge, Versteinerungen, Pflanzen, Architectonische Gegenstände etc.

Nur auf Verlangen zu zeigen.

Merkwürdige Hautkrankheiten des menschlichen Körpers, sechs Blätter.

Kupfer- und Stahlstich.

Illustrationen zu Werken, und Karten bei feierlichen Gelegenheiten.

Galvanographie.

Der Abschied. Ausgeführt auf Kupfer von Schindler, geätzt von Axmann, galvanisch copirt und gedruckt in der Anstalt. — Zur Vergleichung liegt das Original und die galvanisch erzeugte Copie sammt dem Probedrucke vor der Aetzung bei.

Ornamentik.

Originalzeichnungen in orientalischem und occidentalischem Style zur Drucklegung von Werken für Osten und Westen.

Stämpelschnitt für Buchbinder.

Verschiedene Verzierungen im orientalischen und occidentalischen Geschmacke.

Photographie.

Von Paul Pretsch.

Ansichten von Schönbrunn und Wien.
Gartenansicht.
Neptungruppe.
Gloriette.
Der Aufgang mit dem Trophäen-Obelisk.
Eingang zur Gloriette.
Inneres der Gloriette.

Hof am Neubau.
Zwei grosse Köpfe.
Christuskopf.
Zwei Köpfe Niobe und Caracalla.
Zwei Elfenbeinköpfe.
Die drei Parzen.
Zwei Statuetten.
Zwei Köpfe.

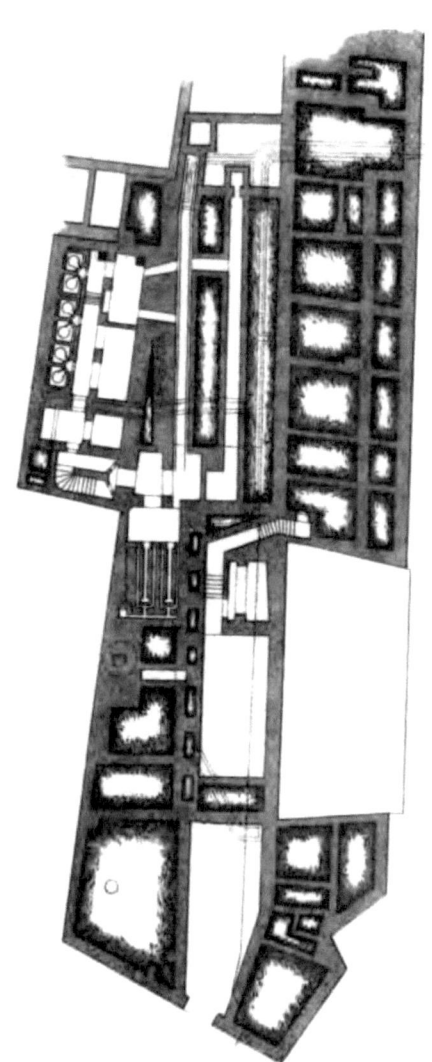

UNTER DER ERDE.

ZU EBENER ERDE

ERSTER STOCK.

ZWEITER STOCK

DRITTER STOCK

VIERTER STOCK

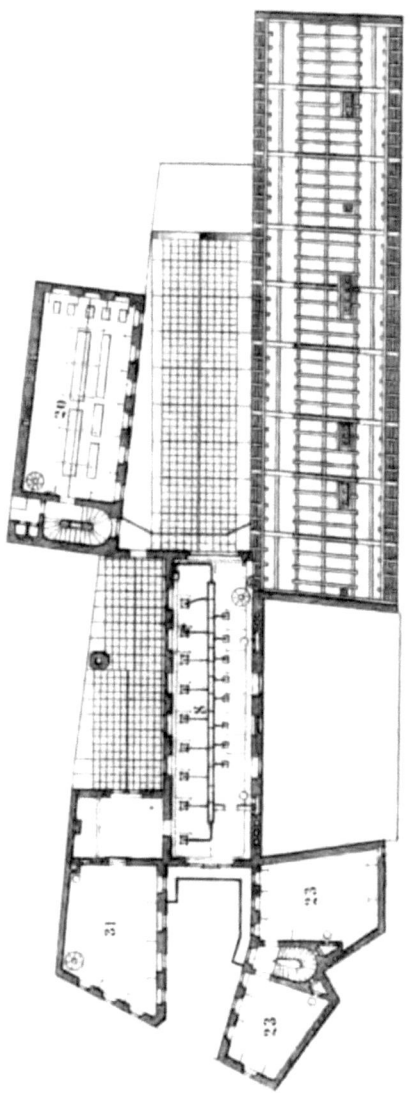

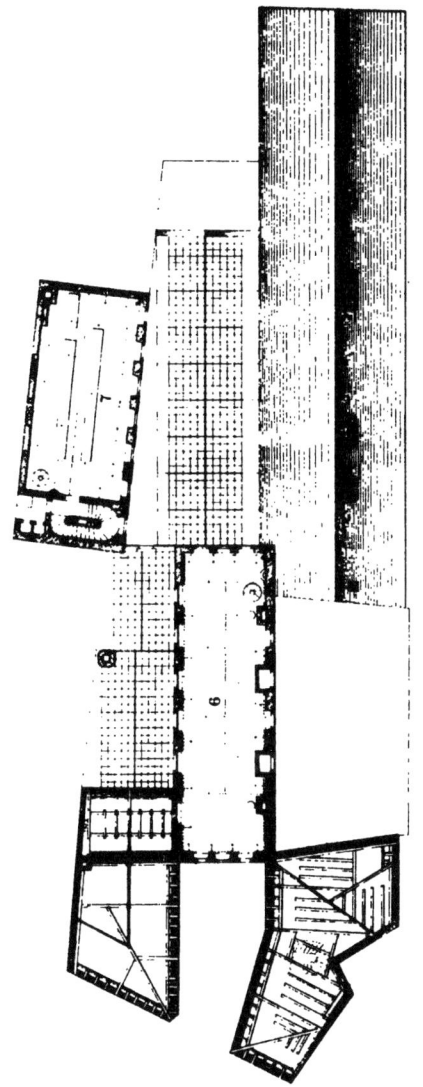

FÜNFTER STOCK

BODEN UND DACH.

ERKLAERUNG
der in den Plänen vorkommenden Ziffern.

Nr. 1. Direction. 1. Stock. A.
Director.

Nr. 2. Kanzlei. 1. Stock. A.
2 Schreiber.

Nr. 3. Casse. 1. Stock. A.
Directions-Adjunct.

Nr. 4. Rechnungs-Kanzlei. 1. Stock. A.
1 Rechnungsführer, 1 Rechnungsführer-Adjunct, 1 Kanzlist.

Nr. 5. Oberfactoren-Zimmer. 1. Stock. A.
2 Oberfactoren.

Nr. 6. Photographie. 5. Stock. B.
2 Photographen, 4 Gehilfen und 1 Hausdiener.

Nr. 7. Schriftschneiderei, Galvanoplastik und Galvanographie. 5. Stock. C.
1 Factor und 20 Gehilfen.

Nr. 8. Schriftgiesserei und Stereotypie. 4. Stock. B.
1 Factor, 50 Giesser, 20 Abbrecher und Schleifer, 2 Zöglinge.

Nr. 9. Setzerei (fremdsprachliche u. akademische Abtheilung). 3. Stock. B.
2 Factoren, 30 Setzer, 9 Zöglinge, 1 Hausdiener.

Nr. 10. Setzerei (Reichsgesetz-Abtheilung). 2. Stock. B.
1 Factor, 1 Corrector, 31 Setzer, 6 Zöglinge, 2 Hausdiener.

Nr. 11. Setzerei (allgemeine Abtheilung). 2. Stock. A.
1 Factor, 52 Setzer und 19 Zöglinge.

Nr. 12. Letternvorräthe. 2. Stock. E.
1 Aufseher.

Nr. 13. Materialien-Lager. 1. Stock. E.
1 Aufseher.

Nr. 14. Handpressen-Saal. 1. Stock. B.
2 Factoren, 3 Correctoren, 50 Drucker und 1 Hausdiener.

Nr. 15. Maschinen-Saal. Erdgeschoss. B.
2 Correctoren, 4 Maschinenmeister, 30 Ein- und Ausleger.

Nr. 16. Maschinen-Saal. Erdgeschoss. B.
12 Maschinenmeister und 46 Ein- und Ausleger.

Nr. 17. Maschinen-Saal. Erdgeschoss. C.
6 Maschinenmeister und 26 Ein- und Ausleger.

Nr. 18. Credits-Druckerei (Kupferdruckerei). 1. Stock. C.
2 Factoren und 56 Drucker.

Nr. 19. Credits-Druckerei (Steindruckerei). 2. Stock. C.
1 Factor, 9 Drucker und 9 Aufleger.

Nr. 20. Credits-Druckerei (Buchdruckerei). 2., 3. und 4. Stock. C.
2 Factoren, 7 Setzer, 50 Drucker, 8 Vergolder, 2 Maschinenmeister, 16 Ein- und Ausleger und 1 Hausdiener.

Nr. 21. Zeichen-Anstalt und Steindruckerei. 3. Stock. A.
2 Factoren, 18 Zeichner, 28 Drucker, 29 Ein- und Aufleger, 4 Zöglinge und 1 Hausdiener.

Nr. 22. Verschleiss und Papierlager. Erdgeschoss. A.
1 Factor, 13 Gehilfen und 2 Hausdiener.

Nr. 23. Tischlerei. 4. Stock. E.
1 Werkführer und 11 Gehilfen.

Nr. 24. Mechanik. 3. Stock. E.
1 Werkführer und 6 Gehilfen.

Nr. 25. Chemitypie. 3. Stock. E.
2 Chemitypisten.

Nr. 26. Xylographie, Gravirung und Guillochirung. 2. Stock. E.
1 Factor und 8 Gehilfen.

Nr. 27. Schreibgeschäft und Inspection. Erdgeschoss E.
7 Schreiber und 2 Hausdiener.

Nr. 28. Garderobe. Erdgeschoss. E.
2 Hausdiener.

Nr. 29. Glättung, Expedit und Trockenhalle. 1. Stock. D.
2 Factoren, 4 Gehilfen und 27 Hausdiener.

Nr. 30. Reichsgesetz-Expedit. Erdgeschoss. D.
1 Expediter, 5 Gehilfen und 13 Hausdiener.

Nr. 31. Buchbinderei. 2., 3. und 4. Stock. D.
1 Werkführer, 60 Gehilfen und 2 Hausdiener.